贤者惟知行义而已，命在其中

     ——程子

哪有先生不说话

  ——胡适之

我是人，人类之事没有不关乎我的

（*Homo Sum, et nihil a me humanum alienum puto*）

     ——Publius Terentius Afer

【当代华语世界思想者丛书】

戊戌六章

许章润

博登书屋·纽约

China's Ongoing Crisis:
Six Chapters from the Wuxu Year of the Dog
Xu Zhangrun

ISBN: 978-1-71685-886-4
Published by Bouden House, New York

戊戌六章

许章润 著

华语世界思想者丛书
主　编：　荣　伟
副主编：　罗慰年
出版社：　博登书屋·纽约 （Bouden House · New York）
邮　箱：　boudenhouse@gmail.com
发　行：　谷歌图书（电子版）、亚马逊（纸质版）
版　次：　2020 年 6 月 第一版，第一次印刷
字　数：　130 千字
定　价：　$25.00 美元

主编前言

荣 伟

筹备已久的《华语世界思想者丛书》终于在纽约出版了。在目前华语世界出版（包括香港、台湾及海外）日益低迷，尤其在受到极权体制的打压日益困难的局面下，我们筹划的这套丛书能够在纽约这个国际大都会当然也是国际文化艺术中心这个大平台上出版发行，可以说更加具备深远意义。

《华语世界思想者丛书》旨在推出一批具有独立思想正确价值观、对中国乃至世界的当下时事政治、经济、文化艺术以及哲学、历史等研究领域的深度学术研究著作，特别努力推出鼓励年轻一代学者学术研究。当今世界已经是个信息化、全球化的时代，年轻一代学者视野宽广、思想开放，有独立见解没有或少些思想的禁锢和羁绊，许多年轻学者更具有挑战权威和批判所谓"学术霸主"的勇气和全新的知识结构，我在他们身上看到了未来中国的希望！

独立学者荣剑前几年写过一篇文章"没有思想的中国"，当然他的批判指向是十分明确的。不过我们扪心自问回顾一下近百年来，我们中国人对这个世界到底贡献了什么样的思想或者什么样的精神产品？尤其是 1949 年后我们当代中华文明在当代世界文明大家庭中占有多大一席之地？记得大约十多年前回国和一些学者朋友聚会，其中有学者问我在美国有哪些中国大陆当代搞理论（哲学文化研究）的学者有影响？或者有谁著作被翻译出版？我想了半天回答他们说基本上没有，当然 80 年代曾经影响一代年轻学子的学者李泽厚著作有英文翻译，但是他的理论著作翻译成英文一看就知道一半是马克思主义，一半是中国儒家的东西，实在对西方理论界不能产生什么影响。当时在座也都是国内重量级学者教授，听了我这个结论大家也是无语一阵唏嘘不已。如今曾几何时国内有些"学术霸主"名声鹊起，看上去学术著作汗牛充栋，拉大旗充虎皮，对年轻学子大谈什么斯特劳斯、施密特等，感觉你今天不懂斯特劳斯、施密特就不能上学术台面的地步！但是这些"学术霸主"如果将他们的学术著作翻译成外文恐怕根本经不起在国际学术舞台上的检验，正如中国的产品在世界上是"山寨"的代名词，中国的这些"学术霸主"的产品恐怕也是另一种"山寨"！我们这个民族还有思想吗？或者还有对当代世界文明有贡献的思想吗？这是我们这个民族应该感到悲哀和深刻反思的。

　　《华语世界思想者丛书》希望努力打造一个在华语世界思想自由交流自由表达的平台，真正让我们的学者能够对我们这个民族的历史与现实的问题做深入的探讨和思考，最重要的是他们都享有在美国宪法第一修正案的保障：充分的言论自由。可以想象，在一个没有言论自由保障的国家，怎么可能会或者容许有真正的思想或者有创造性的思想产生？《华语世界思想者丛书》也将推动在华语世界不断产生真正的思想者！

庚子年 2020 年 3 月 28 日

直指现今，叙诸久远

——许氏无斋先生巨著《戊戌六章》

序

白杰明

Geremie R. Barmé

世间孰不知无斋先生何许人耶。其姓许名章润，家居故河道边；置书桌于天地间，发文立说于"无斋"，因而得号焉。

无斋先生治学立言，独独不慕荣利。生平好读书，必力求甚解。每有所得，便欣然忘食，奋笔疾书。性又嗜酒，亲旧知其然，屡屡置酒招之。造饮辄尽，期在微醺，醺后而侃，诸人无不拜伏。唯于日常起居，则环堵萧然，不蔽风日；短褐穿结，箪瓢屡空。虽处境频临危殆，仍晏然自如。常着文章自娱喻世，以明己志。忘却得失，求仁得仁，立誓以此自终。

赞曰：不戚戚于贫贱，不汲汲于富贵。极其言，兹若五柳先生乎。酣觞则赋诗撰文，以乐其志。

******

夫昔有陶斋之《盛世危言》，而今有无斋《戊戌六章》，皆警世力作。前者系清朝险峻之哀鸣，后者则可谓红朝末代之呐喊。

《危言》问世，旋即戊戌百日。《六章》结集，剑指当朝"盛世"。自光绪至红朝五代，两轮甲子，光明坎坷相继，福泽早已殆尽。陶斋所告诫之诸多世象，今日竟似幽灵一般回荡于中华大地。

"欲攘外，亟须自强；欲自强，必先致富；欲致富，必首在振工商；欲振工商，必先讲求学校、速立宪法、尊重道德、改良政治"乃《危言》之宗旨。时过境未迁，"立宪法、重道德、改政治"之当今诉求，迫在眉睫，更有甚于往昔者。世道虽曰诡谲多变，当局不思自我改造，与时偕行，反而诿罪于外夷魑魅。华夏旧邦，其命维新。由 1898 至 2018，"重道德、改政治"的戊戌变法，益发为今日中国刻不容缓的命题。

戊戌盛夏，无斋先生于鲁迅所哀叹的无声处，揭笔起义，直撄龙鳞，撰就《我们当下的恐惧与期待》一文。该雄文随即传阅于全球，果然成了震憾域中的惊雷。许文言思犀利，当道一时措手不及，打压失灵。作者直指庙堂愚昧的超凡胆识，激起了广泛共鸣。其后，无斋主续发的连珠檄文，虽于内地迅遭噤声，然在南国外境，网民仍可吟咏无忌。此或可谓天网之疏漏哉。看官切记：国土那块香江十八区淨地，仍係目田港（即"自由港"），其民众多为避秦者后人也。于是乎，君子之苦心良言虽于内地箝口，不时得以冲破党国之围剿，于边陲特区重见天日，随而传播于境外天下。

先生近年系列时文，集成于此。其篇篇力作皆针对同治中兴以降的"中国问题"（The China Syndrome），及现今国朝之"中国方案"或"中国之治"，针砭现状、痛陈时弊。其"仰观吐曜，俯察含章"的才思与文字，堪称为三不朽之典范。区区不才，贸然应允作序，为着是先生耳提面命的魅力，更是为着先生以情以爱、昌明"护心"的要义。其文旨在喊话有心人，同时裨益于普世。

无斋先生以谦谦君子，尤善于联袂恆古与刹那；其功绩实为华文世界开创了一副既永久又常新的"文史哲共同体"。其文笔迥异于眼下盛行的浮夸文风，力輓党八股祸国之狂澜。其政论甘冒天下之大不讳，抨击輓近专制道统的积弊。先生既撰文以载道、又着书以言志，其忧患意识深切，凡具良知的芸芸读者必可领会其中玄机：夫立言无精魄，难以传远。着者特立独行，有如斯者也。世人阅其文集，难不叹为观止乎。

******

1898 年戊戌维新鼎革夭折，六君问斩之时，严复赋诗"感事"，诗曰：

求治翻为罪，明时误爱才。
伏尸名士贱，称疾诏书哀。
燕市天如晦，宣南雨又来。
临河鸣犊叹，莫遣才心灰。

2018 年戊戌时轮倒转，宪法遭戳，当局称帝。许章润连发文章六篇，长啸而永吟。

心灰之余，严复致力转译穆勒之《群己权界论》，并于该书《译凡例》中写道：

须知言论自繇，只是平实地说实话求真理，
一不为古人所欺、二不为权势所屈而已。
使理真事实，虽出之仇敌，不可废也。
使理谬事诬，虽以君父，不可从也。
此之谓自繇。

时过而境不迁，许先生承继严继道之精髓，吾人知其绝不为权势所屈。

******

身在故河道旁而心系天下、翱漫天下。戊戌年尽己亥始，先生之学术着作均遭官府禁锢，然众多同道私下为之鸣放。其时敝人亦力求与时俱进，每当先生或内地声援者有新文流露必竭力繙成英文。如此累积廿余篇，并将之结成一本"虚拟文集"，题谓《抗逆忠言——许章润怼清华大学》。按天下为许氏鸣冤者，无不称道其独立自由之精神。译者于《抗逆忠言》文中尝徵引民国十八年义宁陈寅恪于清华园所撰《海宁王先生之碑铭》，以突显当今鸿儒许先生的风骨：

V

来世不可知者也，先生之着述，或有时而不彰。
先生之学说，或有时而可商。
惟此独立之精神，自由之思想，
历千万祀，与天壤而同久，共三光而永光。

许章润撰《戊戌六章》，召唤处观堂之英灵，亦为现代读者验证起寅恪名言超越时空的蕴意。

"独立之精神，自由之思想"的真谛，正因天下有无斋主之故，而能垂而长远，历久弥真。

纽西兰北岛白水湖
羽镇双猫宅白杰明
志于逢九年平安夜
美利坚宾州茱萸坡

拙文蒙好友孙万国兄润饰、斧正之恩，于此谨表谢忱。

参阅资料:

白杰明(Geremie R. Barmé)小传:

http://chinaheritage.net/academicians-and-archives/geremie-r-barme/

许章润文萃英译档:

http://chinaheritage.net/xu-zhangrun-许章润/

引 言

这片土地让春天破碎
不安的消息里燕子翻飞
我有一个预感不忍说出
目光所到处皆是寒意

天空排列着整部史记
亡魂都悲泣命定的章节
他们泪水飞溅：汝啊汝等
不可拯救，也无法逃逸
　　　——赵野：《哀歌八章》之一

　　集中六文，成稿于戊戌年间，故称《戊戌六章》。另有两篇，分别撰述于丙申丁酉，均应"天则新年期许论坛"而作，适主题相近，特此附录，一并庋刊。凡此八篇，成一小册，述大心事，做无用功。犹记秋风寒雁，夏雷冬雪，文竟掷笔，思竭体衰，等候捉拿，而长街踉跄，无地彷徨矣。

　　此一主题非他，不外"中国问题"，陈述的是现代世界历史进程中的华夏文明大转型。其起因与后果，其指向与愿景，其进程与阶段，其成就与挫折，其实然进路与可欲措置，尤其是它的当下困顿与万众绝望。诸文此前早已陆续刊发，于此设问而追问，在此运思複遐思。海内外广布，千万人传诵，小叩而共鸣，正说明人同此心，人间普世大道虽九曲回肠却不屈昭彰。此番集中公诸同胞，旨在激发思考，凝神聚气，而同心合力于解决"中国问题"，期期于造就"立宪民主，人民共和"的公共家邦。舍此大转型，华夏邦国无法存身于现代世界体系，遑论生民康泰，人文日新；无此公共家邦，则祖国不过是党国极权的殖民地，芸芸亿众都是遭受掳勒的待典人质；违逆此一人间大道，奔趋于红色帝国，只会是死路一条。过往百年，之所以一波三折，而终究贞下起元，就在于顺应世界文明大势，强毅力行于此一大道之行行重行行，于力推华夏文明大转型中聚沙成塔，渐次造就新中国。否则，如中国近年之再度逐渐孤立于世界主流之势，已露端倪，则危乎殆哉。而大转型一日尚未完工，则一日天荆地棘，一日不得安生。全体百姓觳觫立世，整个邦国忐忑危行，这方水土，亿万斯民，得苟全耶？胡安居兮？！

此一心事非他，就是大转型将了未了，可望而不可即，万民翘首之时，举世忐忑之际，不料党国一体之极权政治反转，色厉而内荏，变本複加厉。是啊，时至今日，痛定思痛，为何大转型逶迤沉滞，汲汲于破局出关，却反而不进则退，退则居然退到邪恶的"东方红"？而面对政治上的全面倒行逆施，我们，"我们人民"，竟然如此虚弱，不仅层峰普遍平庸猥琐，而且，上流下流，精英萎顿，万民束手！那财富精英，平日勾兑，沾溉于开放社会理念与自由市场机遇，嚣嚣骁骁，煞有介事，彷佛挺有担当，而此时此刻，却也不过脚底抹油，一走了之。为何三十多年社会发育，自由经济积攒下巨额财富，理念启明彷佛一波接续一波，却只是为极权还阳输氧，迎来的不过"面包加马戏团"，不仅根本挡不住独夫极权，末了居然万岁声起？中国这波长程大转型既是现代世界诞生后"双元革命"之于枢纽文明的最后一役，而它当下的破局，尤其是香江不屈，以死相搏，昭示着这是解决"二战"遗留问题的"新冷战"之最新一役，则冥冥之中，起承转合，历史无情而有义，世道无道而终归正道，苍天浩浩，庇佑中华？！此间跌宕，恍惚暝朦，虽大势所趋，但一日难见分晓，则一刻忧心如焚，遂心事浩瀚，而心境忧伤矣！

所谓无用功者，就在于书生意气，春愁满纸，酒阑心碎，以笔为马，驱思赶路，孜孜于以理念感动世界，而汲汲于将思想现实化。但理念之落地生根，思想之影响风化，常常以数代人为长旅，则身前事，万世名，绝非此生寄居所可希冀，更非当下肉身所当奢望。倘若恰好存活于那个时点，并非理念力大，毋宁，思想有幸罢了。

时势比人强，时代是裁判者，而真理是时间的独生女，正需要大浪淘沙，经磨历劫，直至头颅落地。君不见，那基督王国，那儒教乐土，千百年来，血流成河，终只是圣贤仁念，苦痛中泪眼迷蒙的悲悯。——说白了，不朝你吐口水扔石子就算幸运了。故尔，夜阑更深，念兹在兹，所谓家国天下，所谓奠立于牺牲的灵肉超越，所谓挺立于人欲而皈依于天理之天人合德，唇焦干肺，不过无用功，而寄望于春风化雨般之人间启明，有所托于迢迢来世之大用矣。——朋友，无此无用之用与不用之用，舍此无功之功与劳而无功，衔石填海，逐日射天，哪会有免于匮乏之权利，怎能有免于恐惧之自由。如此这般，则胶鬲之困，恰为书生之福。眼前看，书本敌不过刺刀；放眼量，则爱情能将刺刀折弯。秉此以观，不妨说，眼面前这波倒行逆施，终只是一段插曲，不仅加速暴露了极权政治逆文明而动、与万民为敌的邪恶，而且事实上助推了国民的觉醒，加速了中国自由思想的政治成熟。从而，为它自己敲响了丧钟。——万民，大不了一死，须无惧！

而之所以无地彷徨，就在于我们，"我们人民"，并非纯然无辜。其实，"君王与臣民同醺共醉于暴政的酒杯"，这十九世纪沙俄的情形，难道不也是今日华夏的景象？奴隶为奴隶制辩护，被奴役者沉醉于奴役的安适天然，本为一切暴政所刻意营造，假岁月以僭妄，拙劣无比而活脱脱虚妄，但根子却在于"我们人民"自甘卑劣，未能于一切公共事务上慨然运用天赐理性，这便大门洞开，厅堂失守，有以然哉，所以然哉。虽说暴政之下无人清白，压根儿不存在黑白分明，人人均无安全可言，可我们自甘为奴，难道不是眼面前的事实？噫吁哉，我的同胞，我的兄弟姐妹，我们安分守己，我们劳生息死，我们敦厚良善，我们跼天蹐地，讨生活，拼食色，要荣华。可我们，正是我们，难道不也同时是"猪一般的苟且，狗一样的奴媚，蛆虫似的卑污"？更哪堪，戊戌三月十一日，那大屋裡居然"爆发出雷鸣般的掌声"。——历史在场，公义不屈，这帮佞人，台上台下，人模狗样，早已被钉在耻辱柱上。每念及此，夜阑扪心，吾为神州一哭，吾为斯文隳颓一哭，吾为道义惨遭凌辱一哭，吾亦为己身一哭。可纵然极权残暴，终亦必难逃分崩离析之宿命，则护吾儿女，还吾河山，偿吾清白，吾浩浩华夏，终亦必雨过天晴，而迎来光风霁月。那时节，天与人归，只想与心爱的女人山林游吟，但愿同仁义的男人对酒当歌。但是，若果众生袖手，甘为人肉，则恶政刀俎，伊于胡底，而怎能不无地彷徨矣！

撰述之际，适逢戊戌。自唐土而扶桑，踏波啸咏，一冬再接一冬。夏日盛大预示着秋之肃杀，时轮辗转，苦寒中挣扎着为春天礼赞。其情其形，恰如诗人所咏，"春天的诗歌诞生在冬天的炉火旁"。饶有趣味的是，政治倒转，权势极巅于戊戌，而人心随即逆转，从而，倒计时之开始，亦启发于戊戌。正反之间，正所谓天算人算，哀复后哀。病夫治国，文盲当政，反政治，反文明，羞辱的是十四万万同胞，玷污的是这个叫做人类的物种，其心智和心性，其肉身与魂灵。凡我同胞，普天之下的读书人，但有心肠，岂能坐视！

修订之际，已然己亥。先是年初被公权剥夺一切公共交往，而为一切学术场域所排斥。大半生起居、每日盘桓的教室将我拒之门外，更有那师生侧目，相忘于途。困顿于十裡方圆，神驰在八极之外。俟至秋来，孤身乡居，虽三餐不济，却情涌如潮，心力澎湃。以命做柴，用爱当火，烧，烧，烧。明知性命在于悠长，而爆燃必定短暂，可人生一场，生死一回，走一遭，何所惜哉。其间幸蒙邀约，终脱四九之城，遂有滇蜀之游，纵目于彩云之南，缱绻在青城山下。山水汤汤，天地荡荡，师友快意，为平生所未有，却又时时于忘情之际为猛袭心头的无常所困。抚仙湖水情天恨海，锦官暮色檐雨如酥，织就了性命一场。啊，这云，这雨，这山水，怎生消得？嗨，这天，这地，这美好的人间，岂容恶政践踏！

怎么办，怎么办？朋友，唯一个情字呀，为一个爱字嘛。这情与爱，是正义的优美，是思想的德性，是人性的雷电，镌刻着自古至今人类全部的梦想，惟精惟一，至微至弘，要用命来换哟！

这情，是儿女私情。时当凛冬，她唤起欲望，滋养人性，也就是在抵挡抹煞人性的恶，消解它那伪善兮兮，面对刺刀而不再胆寒。这爱，是公共心肠，宣谕天下手足，痛痒相关，老吾老，幼吾幼，祖国是自由人的公共家园。这情与爱，是人生的太阳，天下的基石，舍乎此，便是丛林，便是匪帮。而说到底，这情这爱，这深情大爱，是一份自爱，唯有自我珍惜，君子夬夬，青铜有范，方始自助而天助，人间永福。

"天上月，水边楼"，征尘霜风，大化流行，天何言哉！

本书之撰述与刊行，多蒙亲友襄助，幸有读者加持。念及言禁，为免衅祸，暂隐其名，而衷心铭感。尤其感念爱我的女人男人，我爱的女人男人。风雨无阻，他们在冥暗的人间不屈撑持；从井救人，他们让惨澹人生如幽冥坟塚之骨磷发光。有光，要有光，骨磷闪闪，光耀天地。

六章八文，向天歌哭；"控于大邦，谁因谁极"；扬之水，冰河铁马，载驰载驱。哦，万民，莫恐惧，为了自由，歌唱……

作者谨识

二零一九年，己亥仲春初稿

十月残秋，狂风乍起，落叶缤纷时节，修订于故河道旁

目 录

第一章 世界体系中的"改革开放"[1]

目 录

【**内容提要**：现代早期以还，地中海文明一马当先，大西洋文明继起，再第次扩张至太平洋文明体系，终于将全球裹挟一体，造成了这一叫做"世界体系"的现代秩序框架。其间，"双元革命"浪涛拍岸东渐，而将中国裹挟进这一现代世界体系，塑造出此刻这一叫做"现代中国"的家国天下。其之启发自并内在于"现代世界体系"的建构进程，构成了现代世界的重要组成部分，同样表现基于双元革命的三波"改革开放"的历史大转型，行进至今，一波三折，已到最后收束时段。】

---

[1] 本文成稿于 2018 年初，曾发表于《社会科学论坛》2018 年第 3 期。此次合集刊行，略予增订。

"现代中国"的发育成长启发自并内在于"现代世界体系"的建构进程之中,不仅构成了现代世界的重要组成部分,而且,可能在全球史的意义上,也是所谓"历史终结"的收束之章。现代世界诞生于并托身为"双元革命"。正是"双元革命"的拍岸浪涛东渐,这才将中国裹挟进"地中海—大西洋文明体系"领衔的这一现代世界体系中来,而塑造出此刻这一尚未完工、通称为"现代中国"的家国天下。相应的,作为枢纽文明的中华文明体与政治体的现代成长,已然并必将进一步深刻影响这一世界体系进程。鉴于现代文明已呈老相,而赓续延绵,可见未来难见取替方案,只能在此基础上补偏救弊,因而,迫切呼唤"第二期现代文明"登场,[2] 则正在进行中的中国现代立国、立宪、立教与立人实践,在首先更新自救、迎头赶上的基础上,或许能够并且应当提供足堪世界历史民族位格的有益答案。

一、立基于"双元革命"的现代世界体系

所谓"世界体系"非只沃勒斯坦式左翼近代世界图景,抑或苏格兰启蒙传统脉络下的全球政经格局,亦非特指国际政治意义上的"维也纳体系""凡尔赛体系"与"雅尔塔体系",或者晚近十年间一度嘈嘈切切的所谓跨太平洋"G2 治理"。就影响最为广大的沃勒斯坦世界体系论而言,其以社会体系收束世界体系,将世界体系看作一种

---

[2] 许倬云先生在近作《文明变局的关口》(浙江人民出版社 2016 年版)中提出这一命题,希望全人类同心勠力,对于人我、群己和天人关系,总结教训,善予调整。盖现代文明已历三阶段,利害俱显,衰老不堪,则可能迎来的第四阶段,或曰"后现代文明",也就是"第二期现代文明"。在此,"所有的中国人都无法摆脱参与缔造这一新文明的重大使命"。有关于此,参详许氏著页 3—9。

具有广泛劳动分工的社会体系，具有确定的范围、结构、成员集团、合理规则和凝聚力。而判断社会体系的主要标准不外两条：一是这个体系内生活世界的独立自足性；二是这个体系发展原动力不假他助，而秉具内在性。据此以观，国家、民族和种族集团均非完整体系。实际上，在此世界体系论眼中，迄今为止，只存在两种不同的世界体系：世界帝国和世界经济体。换言之，这是个"现代世界体系"，源自15世纪末至16世纪初的"欧洲世界体系"，而首先是一个经济统一体而非政治统一体。[3] 其实，在沃氏之前，已有康德拉杰耶夫的长周期理论、年鉴学派的长时段大范围研究，以及我们所熟悉的马克思资本积累及其全球扩张学说。

相较而言，本文系从现代枢纽文明成长、导致世界文明大转型，而促成一个叫做"现代世界"这一人间秩序的视角切入，赋予"世界体系"这一语汇以更为广大，可能，也更为一般化的含义。它不仅意味着滥觞于现代早期的地中海文明及其后的大西洋文明，经由帝国殖民和全球经济布局所实现的世界范围的一体化，而且，更主要地是指其所标立的现代世界的现代秩序，及其所带来的一整套现代文明与现代生活方式。举凡政经安排，通常所言之治道与政道，社会组织与市民生活方式及其审美情操，以及所谓现代性的野蛮性，悉数奔涌于此进程，而积淀成型为当下生活，散布成结构性全球景观。其间，"古今之变"与"东西之变"经纬布局，"世界经济体"蔚为骨干与动力。故而，在此语境下，帝国体系和现代资本主义的全球布局，既为其间经纬，则共同构成了这一叫做现代世界的义理结构。可以看出，正是在此语境下，"世界体系"仅指晚近三百年具有全球同构性的世界历史发展脉络及其核心治理结构，故谓"现代世界体系"，不仅是描述性的，也是建构性的。

以此指谓世界体系及其现代意义，不仅抉发承认其政经安排，特别是资本与国家的联袂扭结，而且着眼于文明论意义上的全球史。正因为此，科学的诞生及其主导性，构成了现代文明的重要内涵，所以

---

[3] 有关于此，参详【美】伊曼纽尔·沃勒斯坦：《现代世界体系》，郭方等译，社科文献出版社2013年版，第一卷，页13以下。

才有"牛顿的无限宇宙和全球市场是一回事"这一论断。换言之,"科学"与"商品",牛顿加亚当·斯密,联袂而来,方才铺展开了现代文明的基本场景,而提示了建设现代国家和国家间政治的必要性。[4]顺此而下,"古今之变"推展为"东西之变",全球遂为一体,而体系化矣。体系化意味着全球视野中人间秩序的结构性,而不论这是何种全球治理结构。价值追问及其规范治理通常总是在事实之后,而一旦尘埃落地才引发天问,说明纠错机制难免人间苦难,但终究是一种试错而后纠错的自救手段。因而,话题收回来,较诸上述两脉,本文所说"世界体系",其之陈述宽泛、内涵开放、秉具真切愿景,不仅拢括了基于启蒙、解放与美好社会等诸种愿景而来的全套现代安排,并且容涵了基于文化特殊性的缤纷歧异的在境性特质。就此而言,与沃勒斯坦一样,本文所谓"世界体系"同样是以现代世界为基本分析单位。的确,再怎么后现代,不论如何努力逃脱现代世界,总不能否认现代、现代世界与现代世界体系——特别是其资本与国家——构成了晚近世界的真实性,及其根本决定了包括你我在内的亿万众生之荣枯繁衰、一粥一饭盈缺肥瘠的现实意义。

历史而言,现代世界体系自西徂东,滥觞自现代早期地中海文明,历经大西洋文明的全球性伸展,而成长裹挟进太平洋文明体系。凡此三期,联袂接续,蔚为声势,恰成体系。正因其发轫始初乃随资本成长扩散而铺展开来,促使国家炮舰跟上,必欲保驾护航,故而,强化了这个首先表现为帝国、继替换型为民族国家的政治单元的发育生长,而推展出基此列国体系而来的霸权体系与条约体系之二元秩序并存格局,由此织就了一张现代世界体系网络。就是说,资本流转及其无限逐利取向强化了民族国家建制,要求背后建制化的政治军事力量紧跟配合,这一世界体系遂分组成列国体系,一种霸权主导下的战国状态,不少时候实以恐怖平衡维持有限和平,而在贸易利益链条维系下呵护和平。远的不说,但就近代中国的历史记忆而言,鸦片烟毒总是伴随着隆隆炮舰而来,一如通商条约的背景音乐不能不

---

[4] 参详【法】阿兰·巴迪欧、让-克洛德·米尔纳:《论争》,邓冰艳译,河南大学出版社 2016 年版,页 126-127。

是哈利路亚的旖旎逶迤，将个"古今之变"与"中西之变"，演绎得惨烈而盛大，淋漓尽致却九曲回肠。所谓"依附论"或者"中心—边缘观"，揭示的正为这一体系的这一面相。的确，谁也不能否认现代世界体系早期进程中，民族国家这一建制化力量在欧洲世界经济体中所发挥的经济中心作用，以及，洲际与全球性的"经济统一性"。[5] 而后来的大西洋文明与太平洋文明两大时段，不过将此格局更作全球推展坐实，并且丁一卯二，发展至国家间政治协调的经济层面而已。就此而言，"看得见的手"与"看不见的手"，早已超出经济学一家论域，亦非纯然经济学所能解释得了的。申而言之，跨太平洋两大国此刻的贸易较量与金融及锋而试，"苦心孤诣"的结果同样可能是"一场春梦而已"。

有关于此，一战甫息，英国老派著名地缘政治学家麦金德的夫子自道，最有说服力。在《民主的理想与现实》这部名作的"帝国间的对抗"一节中，作者检讨欧洲近世列国的竞逐进程，揭示了以炮舰做后盾的国家力量对于"自由贸易"的重要意义。如其所述，英德贸易对垒之际，"当某些极端重要的市场受到威胁，它只得以海权回应。"

当英国舰队在马尼拉事件中反对德国而拥护"门罗主义"时，它是在为南美市场而战；当英国舰队在南非战争期间威慑德国时，是在为印度市场而战。兰开夏可曾知道，棉花的自由进口是靠武力强加于印度的？……但事实则再三如此，在帝国之内与帝国之外，自由贸易、热爱和平的兰开夏一直为帝国的武力所支持。[6]

---

[5] 凯恩斯论及"凡尔赛合约"的严重后果，指出当事者的盲区在于"他们过度地关注政治上的目标，关心取得一种不切实际的所谓安全，所以，他们把欧洲在经济上的统一性忽略了……今日在政治上的运筹帷幄与十年之后所要呈现的问题基本上毫不相关，苦心孤诣的计谋到头来直是一场春梦而已。"参详【英】约翰·凯恩斯：《"凡尔赛和约"的经济后果》，李井奎译，中国人民大学出版社 2107 年版，"法文版绪言"，页 1。有关于此，并参详【德】马克斯·韦伯："民族国家与经济政策"，收见《韦伯政治著作选》，阎克文译，东方出版社 2009 年版，页 1-23；泛详【美】查尔斯·金德尔伯格：《世界经济霸权：1500—1990》，高祖贵译，商务印书馆 2003 年版。

[6] 参详【英】哈弗德·麦金德《民主的理想与现实：重建的政治学之研究》，王鼎杰译，上海人民出版社 2016 年版，页 124。

此间情形，正如"一战"爆发前夕，英俄商约眼看届临续签，而前景未卜，但恰恰在此，面临每年人口净争百万的压力，"德国不惜任何代价，需要一个从属于它的斯拉夫国家，为它耕种并购买它的商品。"于是演绎出拯救帝国却导致帝国覆灭的悲喜交加。同样在此，"英国政治家与英国民众不会全然无咎。"[7]

然而，令人欣慰又惶惑之处在于，此间并非事先设定，毋宁，纯然歪打正着，因时事造时势，而时世为时势牵引，纷沓而来。因为据说"商品天然具有民主性格"，所以倒逼出经由追问民族国家政治统治的正当性，而居然开辟出"民主国家"这一现代国家的2.0版本，对"民族国家"这一现代国族1.0版本进行了华丽的政治修饰，于国家政治形态的升级换代中造就永久和平的市民法基础。盎格鲁—撒克逊民族的妥协性格，正对应于以协商和多数决为机制的民主政治，而作育出恰应其需的政制。就是说，民族国家作为建制化力量配合商品的全国伸展与全球布局，本为一种宰制性力量，却不意造成了一种内政改良的压力与机缘，而造就出"民主国家"这一现代国家的改良品种。职是之故，在良政与善治两相对举的意义上，良政是兜底的安排，立国建制的大经大法；善治铺展"国家治理现代化"，而以良政为前提，无此前提以为基础，则愈是善治，可能，愈是压迫。它们兄弟登山各自用功，却又内在交集，前赴后继，塑造了在现代世界体系视野中，要亦不外乎所谓的"双元革命"。

在此，所谓"双元革命"不是别的，就是以"民族国家—文明立国"与"民主国家—自由立国"，两元拱立，接续同存，来组构人间秩序，这才推展出所谓的现代国家与现代世界。考其义理结构，首先于市民法意义上打理国家内政，组构以族群自私为纽带的国民共同体与奠立于文化同质性的文明共同体，再于万民法意义上调处国家间互动，铺展开世界体系。就前者言，首先构成了一种内政治理结构，统辖文明与政治，并据此建构出列国体系，再以此为格局形成现代世界秩序，催生出威斯特法尼亚体系下的维也纳体系、凡尔赛体系和雅尔塔体系，衍生出霸权体系、条约体系和帝国体系并存的政治

---

[7] 同上，页123，131。

格局。就后者来看，其之着眼于良政，旨在实现一国之内全体公民政治上的和平共处，建构出国族内部基于分享自由的公民共同体，缔造了自由个体横向联合而缔约内政共治的政治形态与全球性民主浪潮，而以追求永久和平的世界愿景为鹄的。两相结合，相反相成，这一浩瀚人间秩序不是别的，恰成现代国族。双元继起，前后激荡，共同支撑起这个时刻摇摇欲坠的人间秩序与世界体系。所谓"古今之变"，莫此为甚，如此方有现代世界的人间秩序；所谓"东西之变"及其"中西之变"，以此为烈，循此衍变出迭经沧桑的现代世界体系。

二、世界历史民族的路向

综上讨论，笼统其进程，梳理其经纬，概括其面相，约可归纳出下列六点：

第一，现代世界体系是现代枢纽文明推展处理的结果。雅斯贝斯式古典枢纽文明时代缓缓落幕后，历经千多年的沉寂，现代枢纽文明于现代早期发育成长，一路颠踬前行，其作育，其成就，概以现代世界体系最为彰著。其间经纬，分分合合，大致经历了自现代早期的地中海文明，至欧美势力全盛的大西洋文明，再至亚太为轴心的太平洋文明这样三大阶段。封闭的海洋至此全面打开，而为引领这波文明的先发国族提供了海权时代纵横捭阖的浩瀚舞台。此刻之激活欧亚大陆岛的诸种"一带一路"式构想与所谓"印太"概念的出现，仿佛意味着"新陆权时代"再度发力，启动了一种针对过往三百年海权时代而调校既有世界体系的全球布局。所谓"三洋互动，印太一体，海陆并举，地空混融"，描摹其态势，概括其趋势。其之雏形略现，形制未定，有待观察，均为此种世界体系大潮震荡激发的最新一拨浪花，总体而言，要亦不外乎世界体系的自我更张。

第二，在此进程中，资本逐利与帝国扩张堪为推手，而自西徂东，由北而南，逐渐组织起资本主义与帝国主义的全球景象。考其经纬，大致先以领土国家和主权国家的既有建制为阵势，次第展开，步步为营，层层外推，终成全球网络，历三数百年而未已。其间，资本为国家输血，国家为资本张本，在家未必亲兄弟，上阵必定父子兵。实际上，揆诸历史，无论是美洲开发还是鸦片贸易，不管是美西战争抑或英布战争，更不用说血腥的石油之战，均为资本逐利使然，并伴之以国族的集体自私，而生发自并演绎出惊心动魄的时代扞格与文明冲突。资本率先突破国家界限，而有国家在后殿军，合则两利，分则俱伤，狼狈为奸。资本主义、帝国主义与所谓民族国家，遂为连体怪物。此于近世欧西势力崛发可考，而以东洋成败为证。故尔，对外适用种族主义、殖民主义与帝国主义，而内政则递进至民主国家，以自由主义、立宪民主与人民共和支撑，凡此先发国族的所谓"双重人格"，其因在此，导源于并导致了"民族国家"与"民主国家"第次降临而终究双元并立的"双元革命"。迄而至今，跨国资本骎骎乎超脱民族国家主权辖制，并造就了一批满世界逐利的世界公民，以地球为舞台，呼风唤雨，说明资本与国家的互动，"既团结，又斗争"，而"斗而不破"，花样翻新矣。以及，不幸却必然的，所谓现代性之野蛮性，开明资本主义不再，同样因缘在此，而不止于此矣。

第三，正因为此，民族国家逐渐体制化，取代朝代国家与王朝政制，逼迫部落体系强拧为民族国家形态，既是世界体系进程的产物，更是世界体系得以最终铺展开来的前提，于互为因果中组织起普世人世生活。而祸福相倚，成败逆料，天时、地利与人和缺一不可。回头遥瞰，一波文明大潮袭来，摧枯拉朽，浊世苍生沉浮于一念之间，可堪叹息，却难以违连，同为这一现代世界体系的铺展进程所佐证。不过，包括上述两点指陈的内容在内，此就典型的欧美现代立国与包括中国在内的所谓"后发国家"之建立民族国家进程而言，其因果，其次第，并不完全一致。例如，就中国现代立国而言，主要是列强侵凌暴露出内政窳败，在"中西之别"中将"古今之别"显豁无遗，由此而被迫外抗强权、内争民权，必得造就出"富强国家"这一共同体，而非受资本逐利与帝国扩张所鼓动。毋宁，是"被逐利"和"被扩张"了。先是没辙，而后痛定思痛，这才改弦易辙，再奋起急追，至今而犹然一波三折，不进则退。"刺激—反应"模式具有一定的解释力，其因在此。逮至今日，三十年河东又河西，"企业走出去，服务跟上来"，这才护卫舰队巡弋在大洋之上，五星红旗飘扬于苍穹之下，而有点儿"这个这个""那个那个"了。前文所谓"资本逐利与帝国扩张",中西之间,今古两头,参差不齐,也还真的有点儿"这个那个"的。本文修订之日,已然己亥农历新春,在西媒早有所谓(中国在非洲的)"帝国主义"鼓噪之外,复添美帝国务卿蒂勒森之(中国在拉美的)"新帝国主义"论,遥想古今,睹物思情,真是不待人笑,而先自笑也。

第四,也就因此,民族国家之为资本殿军与基于地缘格局的集体自私属性,决定了列国体系既在指向和平,一种出于"各人自扫门前雪"之国家本位的无可奈何,却又不可能成为一劳永逸的和平体系,因而需要建构积极互动的国家间政治模式,并在此基础上形成有意识的世界体系。在此,基于列国体系的条约体系,反倒以霸权体系为轴心,围绕此一轴心厉行全球治理,于大国相互妥协中,努力提供以全球宪政为愿景的公共产品,构成了晚近世界体系的基本格局。所谓"维也纳体系""凡尔赛体系"与"雅尔塔体系",自欧洲的"五强政治"到"国联",再到联合国以及各种多边组织,错综纠结,均不过自此立论,而为此设防。中国于1937年陷都后仅用八年苦斗,就因缘际会,鲤鱼返身,一跃而为"世界五强",既受害于此,复得益于此。——若非以巨大牺牲为代价,有恃于国家规模,而最主要是得益于美国的全球战略,当日华夏,何有此幸。迄而至今,曾经仿佛"G2",却又迅即瓦解,则真假之间,虚实两头,强弱之际,同样还是在此体系内打转,不出"反抗""顺从""调适"与"改革创新"之互动常规,就看如何鲤鱼打挺了。

第五,现代世界体系嚆矢之际,欧洲与东亚,分处大陆岛两端,各拥格局,自成板块。伊斯兰文明横亘中间,恰为阻隔,并为缓冲。余下的,包括美、澳、非三洲,则已为地中海文明与大西洋文明染指,而逐渐裹挟一体矣。逮至大西洋文明和太平洋文明次第登场,渐成主宰,世界终于连为一体,造就了史无前例的文明融汇景观,体系遂成,欹欤盛哉。其间,主次分明,强弱有别,中心—边缘井然。照此以往,自大历史理想而言,一个所谓的"世界文明",亦且非不可期。不过,总体来看,迄而至今,全球文明景观舞台上,主导性的依旧是欧美文明,特别是英语霸权所彰显的大西洋文明。而这就是"世界文

9

明"，也就是"普世文明"。这是实然，在古今之别的意义上，不妨说亦为应然。其实，"一战"甫息，在设计未来世界地缘政治时，老派英国地缘政治学家麦金德爵士就曾指出，"可以把共和制美国和英国作为世界托管者，以维护大洋即大洋间海峡的和平。"[8] 而这与其说是设想，不如说是对于既有事实的陈述暨合法化而已。毕竟，这波世界体系及其现代文明，人家站立潮头，引领在前，余下者只好趋鹜，唯恐瞠乎其后。君不见，直至今日，东亚诸国，中国仿佛是老大，而彼此对话，居然以英语为媒，则谁是霸主，强弱立现，同样不待人笑，而先自笑矣！同时，它也说明，"权势国家—权力政治"无法替代"文明国家—文化政治"。之所以傥论法国的文化、英国的政治与美国的实力，三位一体，合力齐心，共同维护了西方文明的霸权，其来有自，而不予欺也。

第六，虽说如此，逮至中国这一世界历史民族加入世界体系大合唱，则情形有变。中国自清末被迫卷入现代世界体系，接续的是有明一代的东西宿缘，而时移势易，早已今非昔比。其之源于"中西之变"，而引发揭示的则为"古今之变"，要求老大帝国循时以变，否则面对这一轮山呼海啸袭来的文明浪潮，难能自保。曾几何时，"开除球籍"之论风行，可谓有感而发，其因在此。其后百年间，挨打受辱，自被动而主动，清明复兼懵懂，颠踬前行，历经抵抗、顺从、再抵抗，至有选择跟从以及必然的自我创造，错综纠结。一路走来，排山倒海，迄而于今，如果沿着"双元革命"脉络接续往前迈步，有望迎来一个"世界历史的中国时刻"，亦未可知，而有待奋斗与观察。黑格尔氏所谓"世界历史民族"定位，其所揭橥而昭彰之远景，正在于此。的确，揆诸欧西，现代文明渐显老迈，但可见未来，依旧尚无有效通盘整体性取代之制。立足现世，面对时事，迎应时势，推陈更张，则"第二期现代文明"之可欲与可期，机运与挑战，均在于此。不过，无论是在世界体系立论还是着眼良政建设，仅就当下中国而言，必以有效承继第一期现代文明的一切优良成果为前提，特别是必

---

[8] 参详【英】哈佛德·麦金德：《民主的理想与现实：重建的政治学之研究》，王鼎杰译，上海人民出版社 2016 年版，页 147。

须建设现代国家的 2.0 版本，继续所谓"改革开放"，方才有望偿论踵继前贤，推陈出新。否则，不进则退，而退则伊于胡底，必然是死路一条！

三、以三波"改革开放"接应

在中国迎应现代世界体系的历史进程中，超愈一个半世纪里，"改革开放"蔚为标识，纲举目张。无论"洋务"与"税务""立法"还是"变法"，以及"乡建"抑或"党建"，正反顺逆，均为其表征，而道尽其曲折。总括来说，就中国近代历史语境而言，通常所谓的"改革开放"，无论文明论、历史观还是生存叙事，其所表征的是一种文明更张与政治转型的历史运动，构成了现代中国的主流政治意志与历史意识，迎应的正为这一现代世界体系。其间进退出处，对应的是"双元革命"，指向立国、立宪、立教与立人，而时见跌宕，不待人谋，正说明世界体系发力，势不可挡。逮至帝制崩塌，更以右翼威权和左翼极权，前后相继，牵漏架补，尤以"1949"红色极权之倒行逆施，为害至烈，则又说明世界体系裹挟之力无尽而有限，有待时光磨砺，大转型之大，其大在此。同时，它表明当此源自现代性的两大观念体系决战之际，一步迈错，步步皆错，待转身时已头白。除去枝蔓，总体而言，中国之加入现代世界体系，如后所述，起自"改革开放"，接续以"改革开放"，并且终究有待于再度之"改革开放"，就发生在此现代世界如火如荼展开之际，而成为现代秩序建构历程的有机组成部分，也是这个尚未终结的宏大历史进程的重要环节。可能，是一个延绵四、五百年的浩瀚历史进程收束时段的最后一役。[9]

是的，回眸一看，晚近一个半世纪里，中国已然有过三波"改革开放"。每一波大约为时三十五年。旧邦新命，以此开山辟路，赖此接续延绵，而以老迈帝国的"低头致意"与自我更张，回应着这个现代世界与世界体系进程。

具体而言，第一波大约起自 1860 年，终于 1895 年，前后三十

---

[9] 有关于此，参详本书第五章"自由主义的五场战役"。

五年。其以洋务运动为旗帜，昭示着一个"古今中西"的时代降临华夏，中国由此开始了自己的现代化进程。第二波启自 1902 年清末变法，至 1937 年"抗战"爆发止，又一个三十五年。在此时段，清末王朝、北洋政府和民国政制，三阶段，政体虽殊，理路则一，接续前行，而统贯为一大整体。举凡民族国家建构、工商产业兴发、市场经济、社会改良、立宪代议体制、现代程序主义法制，以及现代教育、新闻传播和思想市场建设，均有所尝试，均有所建树。1978 年底至今，将近四十年，其中主要是截至中共十八届三中全会为止这一时段，实为第三波"改革开放"，同样大约为时三十五年。总体而言，较诸此前两波"改革开放"，第三波的不同之处在于以"向后倒退向前进"的方式，于接续一度中断的历史进程来求取经济发展与社会建设，进而，强化政制效能，以及被迫于有限的政治进步，再次验证了那句"改革的刽子手同时是改革的政治遗产的执行人"这一名人名言。换言之，以向中国近代历史的主流政治意志和世界普世文明的真诚致意与选择性皈依，[10] 而汇入世界历史潮流，重新开启中国文明复兴与中国制度主体建构的历史进程。而之所以特别点明"主要是截至中共十八届三中全会为止"这一时段性，就在于自此以还，迄而至今，立国之道背弃了现代中国的主流政治意志和历史意识，不再向世界普世文明真诚致意，毋宁，日益趋归于红色帝国式的超大规模极权政制。[11] 而且，倒行逆施，愈演愈烈矣！

统观以言，三波"改革开放"因应的是"中国问题"。而"中国问题"非他，即面临西方列强打压和地中海文明—大西洋文明所代表的这一波现代文明冲击，相形之下，老大中国的内政窳败暴露无遗，则更张政治，将治道与政道通盘换过，努力实现文明转型，在两百来年的时段中，完成"立国、立宪、立教和立人"这一文明大转型任务，从而实现国族富强、政治民主与社会文明，第次建设民族国家、民主国家与文明国家，在"文化中国—民族国家"与"政治中国—民主国

---

[10] 有关于此，本文第 4 节还将略予说明，本书第四章"低头致意，天地无边"有详尽论述。

[11] 有关于此，参详本书附录 I"重申共和国这一伟大理念"；第六章"中国不是一个红色帝国"。

家"的双元拱立间架中，最终实现"民族国家—文明立国"和"民主国家—自由立国"的二位一体的政治国族格局。其步骤，其经纬，如笔者早已多所阐释，不外乎"发展经济—社会，建构民族国家，提炼优良政体，重缔意义秩序"。此为转型中国的四大指归，也是必须恪尽之四大任务。"现代中国"及其"现代秩序"，千头万绪，纲目在此，而要旨不外乎此。其中，尤以上述双元革命堪当主轴，而提纲挈领，纲举目张。[12]

具体而言，第一波"改革开放"起自相对于当日"船坚炮利"之"积弱积贫"，而全力指向"富强"愿景，梦寐以求的是现代形态的"权势国家—权力政治"，接应的是维也纳体系后的大西洋文明冲击，一个资本与国家携手、公司化经营的政经体系。其之如狼似虎，贪婪暴虐，而摧枯拉朽，以全球为战场，所谓"武装到牙齿"也。

第二波"改革开放"启动之日，恰值资本主义进化到金融帝国时节，也是殖民帝国"双重性格"毫不遮掩的扩张时段，传统东亚"中华世界"分崩离析，大清第二次陷都，无论是作为一个文明体还是政治国族，其之势禁形隔，而危如累卵。置此格局，以王朝政制与朝代国家立国建制的大清，也就是中国延绵两千年的道统与政统，遂压力重重，实则即将破产清算，遂不得不转。因而，期以制度层面的变革为鹄的，希望自法制改良入手，不仅求富强，而且将立宪作为更张愿景，初则九年为期，后则铺展为军政、训政与宪政的阶段论，虚虚实实，接应的是后维也纳体系与前凡尔赛体系之间的过渡时段。"富强"与"宪政"之关联自此接榫，立教与立人之文教铺排亦且由此展开，而"宪政国家"与"宪法政治"作为一种政治进行时态，自此登场，却中止于第三次陷都之外患侵凌。

第三波"改革开放"启动之日，雅尔塔体系尚在，冷战未息，世界即将迎来"二战"后的重大转机。其之起于观念与制度破产，落于

---

[12] 有关于此，参详拙文"大时代中的'中国问题'及其体系性解释"，收见拙集《国家理性与优良政体：关于"中国问题"的"中国意识"》，香港城市大学出版 2017 年版；《法意今古》第 13 章"世界体系中的'中国问题'"，香港城市大学出版社 2019 年版。

返身接应"1860"和"1911",回归"富强、民主与文明"这一主流政治意志,总体上指向大国成长与文明复兴之国家理性与优良政体建设。一度强毅力行,仿佛势不可挡,遂有坊间舆议之所谓跨太平洋"G2共治"。而好景不再,愿景落空,则又表明其间跌宕,非人力所能预期而哀复后哀矣!其所打理而无法回避的不仅是"宪政国家—宪法政治"这一有待落地的建国任务,同时必须回应、事实上也已然开始了"文化政治—文明国家"这一进程。[13] 时间于此叠加,时代再次错综,堪为后发国族的普遍景象,吾国不曾例外矣。

总体而言,近代中国以三波"改革开放"回应现代世界体系,流血牺牲,波澜壮阔,已然蔚为大观。在前文揭橥的大转型必须恪尽之四大任务中,后两项尤其有待接续努力,期期于成,是未来时段一、两代人的时代使命。

当下时刻,恰逢世界政治遭遇一轮小周期,表现为欧美右翼回潮,全球帝国情结发作,东西强人政治回归。不过,其力虽大,其势亦猛,却尚未足撼现代世界体系。毋宁,只是一轮矫枉过正的微调,一种基于力量对比的再平衡。故尔,现代世界体系及其演绎的现代历史尚未终结,正在呼唤"第二期现代文明",而吾邦遭厄已现,所担尤重。再说一句,大转型尚未完工,而沉疴在身,不进则退,令人忧惧者也!

四、退一步,进两步

在此,仅就最近这一波改革开放来看,其历三十余年而未止,既为整个近代中国超逾一个半世纪文明大转型的有机组成部分,也是有待临门一脚的收束时段。如前所述,总体而言从1978年12月起,下迄2013年的中共"十八届三中全会",其以"向后倒退向前进"

---

[13] 此处关涉"国家理性"命题,参详拙文"国家建构的精神索引",收见《国家理性与优良政体:关于"中国问题"的"中国意识"》,香港城市大学出版社2017年版;并参详拙著《现代中国的国家理性》"序言",法律出版社2011年版,2017年二印。

的方式，顺应这一转型大势，而致力于推进经济发展、社会进步和政治开放，为这个叫做"现代中国"的庞大实体接生。令人唏嘘而不幸的是，这一进程已为超大规模极权国家政治的再度强势横绝所中止，换言之，所谓"第三波改革开放"已然终结。其之崛起于晚近五、六年间，可见未来三、五年甚至更长时段还将延续下去，堪为一轮政治小周期，而期期于开启"第四波改革开放"之迫切遂愈发彰明。[14]

话题收回来，说是"向后倒退向前进"，就在于其间的经纬铺展和纲目排列，无他，实在不过就是在四个维度上"低头致意"而已。本书第四章将对此专详梳理，此处述其梗概，略点要津。[15]

首先，向近代中国的主流历史意识和政治意志低头致意。从1840年开始，主要是从1860年洋务自新运动以还，一个半世纪里，近代中国的主流历史意识和政治意志，不是别的，就是追求富强、民主与文明，标举自由、平等与博爱，将法制人权和宽容多元等价值，收纳入怀，力争落地生根，而于移植西洋文明中启发华夏生机，重缔现代中国及其现代文明。此为中国近代历史的主旋律，亿万同胞人心所向，大势所趋。但凡违背这一主旋律，昧于这一历史意识，违忤这一政治意志，悉为逆历史潮流而动，可得逞于一时一地，而终究为历史所抛弃。晚近三十多年，所谓"拨乱反正"，正不外醒悟到这一历史意识，而逐步回归于这一主流政治意志。从此迈步，磕磕碰碰，九曲回肠，康庄大道。故尔，从发展经济、追求富强，到此刻的政治参与意识高涨，而政治体制改革势亦必逐步提上议事日程，早晚以立宪民主、人民共和来收束，道出的是近代中国面临国家建构和政制建构之升级换代的时代新局。同时，国民生活水准递次提升，行止出处渐求雅驯温文，伦理社会渐次恢复和公民友爱滋长发扬，展现的是追求文明仁爱的心理脉动。凡此三项，分头合击，万流归宗，演绎着近代中

---

[14] 有关于此，参详拙文"开放政治市场，迎接第四波改革开放——2013年7月26日，在天则所成立二十周年庆典上的演讲"，收见拙集《国家理性与优良政体：关于"中国问题"的"中国意识"》，香港城市大学出版社2017年版。

[15] 下述内容初见于拙著《法意今古：一个基于私人经历的法理思考与文明叙事》（页165-172，香港城市大学出版社2019年版），后独立成文，收见本书第四章"低头致意，天地无边"，曾发表于FT中文网2018年12月5日，特此说明。

国的主流历史意识和强毅政治意志。放眼大历史，晚近五年来极权政制发作，恰说明倒计时已然开始，因愈益感受到中国近代主流历史意识和政治意志之汹涌澎湃，而于惶惶不可终日中愈感自保之急迫，遂愈发嚣张，而狗急跳墙矣。

其次，向中国文化传统低头致意。近代中国尝试过种种主义，西洋东洋皆有，古代现代齐至。其间，尤其是斯拉夫苏俄式刻薄寡恩，暴戾恣睢，东来中土后与法家意绪一拍即合，渐成所谓"法日斯主义"，祸害匪浅，最为残暴。[16] 今日中国，依旧是主义的万花筒，举凡文化民族主义和市场自由主义，温文社群学说与自由共和理想，草根毛左与民粹思潮，国家主义和极权理念，都有各自的市场，都有一定的活力，也都有自家的滔滔叙事。迄而至今，官民一体，开始向孔孟回归，而且，其势汹涌，也是物极必反，有以然哉。这不，包括清明、端午成为法定假日，倡议立法规定孔诞为教师节，以及执政党第一把手礼拜孔庙，再三致意，凡此种种，在在意味深长，而吾人更需警怵者也！是啊，它不仅表明吾族吾邦的文化意识和政治意志，经由批判性反思，而重回中国文明主脉，反视回照，即温即厉，而且，期期于作育更张，更上层楼。曾几何时，"中国传统文化"蔚为贬义，备受摧残，此后拨乱反正，渐趋重归殿堂，仿佛复兴有象，而终究泥沙俱下，尚不成气候。更有沐猴而冠，逢迎谄媚，画虎画犬者也。而且，此处须予分辨的是，传统文化是死的，博物馆式的，而敞开迎应八面来风、多所激荡砥砺的文化传统才是活的，也才是嫁接新型文明的活水源头。所需低头致意的是文化传统，一种文明精神、气质与格局，以天地大化、民胞物语为本根，适成接续创发的文明起点，而非仅只传统文化，更不是什么三跪九叩的政治顺从。更何况，那所谓的传统文化早已优劣俱在，固陋陈陈矣。前文说"吾人更需警怵"，则要害在此，不外乎此。

再次，向普遍人性低头致意。所谓普遍人性，意味着人之为人的一般本真状态，既是描述性的，也是建构性的，诚如夫子自道，食色

---

[16] 关于"法日斯主义"具体含义的一个简单叙介，参详本书第五章"自由主义的五场战役"第三节"最后一役的复合性质"。对此概念，笔者还将专文阐释。

性也。换言之，以一己为中心，循依于伦理序轮，而以人类为同胞，争求温饱，享受情色，厮守爱情，免于冻馁，免于恐惧，免于无家可归，岂非人性之常，莫非人世之福。进而，作育德性伦理，涵养规范伦理，由此照引，循此前行，造就美好人世与良善社会，而已打理群居生活可能性的政治来收束，更且道尽了求存求荣的人性本根，蔚为人性之必然和人生之本然。此间理路在于，人性为本源，一般无二，出诸天然，而人心却是由文化所塑造的，赖于人工，文化有别，则千枝万叶。反过来说，人性超越一切文化藩篱，不过借由文化获得表达与解释，纵便人心林林总总，却不离人性本根，且不得违连人性天然。以此观照，三波"改革开放"旨在修正文化、调整人心以适应人性，并释放人性，进而据此新型文化作育人心。而就"1978"后的三十多年而言，回头一望，这叫做中国的十三万万子民的浩瀚家园，其苦斗，其挣扎，其劳生息死，正在于一步一步地，羞羞答答地，而终究光明正大地，向着承认人性，承认人性的自私，承认人性自私的合理性以及利他的必要性，一步一步地蹒跚前行。而前行恰恰意味着回归，回归落定于人性之常，原因就在于此前左翼极权狂飙否认普遍人性，摧残人心，用阶级性、党性和组织性抹煞人性，此刻发力拨乱反正也。而根子在于，灵肉之间，人命危浅，人命之花就系在这人性之常的枝头，深植于亿万生灵的人心，而恰成众生汇聚的人世之根；生死两头，虽说"欲动情胜，利害相攻"，可人就是这么个物种，所谓"早知世界由心造，无奈悲欢触绪来"，实在没辙，道尽了人之为人的豪迈与艰辛。由此，人性之苍茫、人心之煎熬、人世之冷寒与人生之无常，正需要以德性伦理和规范伦理来涵养修治，这人世方始可能善好，堪为人居。

最后，向英美所主导的大西洋文明时代的世界体系低头致意。现代文明秩序，萌发于十六、七世纪以还的地中海文明，繁盛于十九世纪中晚期登场的大西洋文明，迄而至今，骎骎乎三四百年矣！而有模有样，也就是一两百年的事儿。此前的古典枢纽文明，东西南北，各表一枝，繁花似锦；所谓现代文明，为地中海北岸抢得先机，发为嚆矢，再接续以大西洋文明，蔚为枢纽，渐于体系化中归于一统。中国的近代大转型，特别是晚近三十多年的"改革开放"，恰巧发生在英

17

美横跨大西洋合纵连横，盎格鲁－撒克逊国族逐渐称霸地球而终究主宰世界这一时段。它们在家亲兄弟，上阵父子兵，什么经验理性逻辑理性，什么功利主义实用主义，什么自然法普通法，裹挟带动着全球历史进程。一两百年下来，所形所塑，至再至三，不过就是上述大西洋文明时代。由此形成的世界体系，统治地球超过一个半世纪，于今虽现衰象，有待"第二期现代文明"赓续更张，却依然蔚为霸主。中国 1860 年代启动改革开放，晚近三十多年的"第三波改革开放"，不管明里暗里，均以汇入此一世界体系为务，而孜孜于"与世界接轨"，免于"开除球籍"。此间所谓"接轨"，不是别的，其实就是向大西洋文明主导的世界体系低头致意，不得不以向曾经的侵略者学习而自救，于自新更张中汇入这一体系，进图文明复兴。所作所为，一本于清末自新变法，正说明历史阶段无法躲避，修习次第难以省略，而历史潮流不可阻挡。在此，反帝反殖反霸也好，接轨接榫接洽也罢，正反合，不离主题。到如今，这大西洋文明时代似乎为仿佛正在茸茸升腾的太平洋文明时代所取代，而演绎出印太联袂、三洋互动的无边浩瀚，则小小寰球，不同此凉热，见证了盛衰兴亡，印证着河东河西，而向时间再奉上一阕赞辞也！

综此四项，荦荦大端，千回万转，万世一时，构成了晚近三十多年所谓"改革开放"的基本理路，揭橥的是中国不期然间裹挟进这个现代世界体系的有限选择与不尽挫折，彰显出近代政治建国的中国式进路，也是我华族文明历经磨劫、贞下起元的一段心路历程。其之徊徨与昂扬，怔忡复决绝，疑惧而又确信，其间更有"1989"的血腥，仿佛将"1949"后一度中断的百年近代历程重走一遍，而登高自卑，卑以自牧，终究引向一个可见的"结束的开始"。此亦非他，不过就是残暴共产极权退场，"立宪民主，人民共和"登场的辉煌时刻。惜乎前述这一晚近政治小周期倒行逆施，竭力正将浩然历史进程歧引，这便引出了究竟国家权力主导的这一波"改革开放"是特定情境下的权宜之计，故而所谓"改革开放"不过临危喘息的虚与委蛇，而非真正依循历史意识的政治自觉，还是基于历史自觉的政治决断这一绕不开的疑问。此问不答，则心路不明，势必前路迷漫。

五、基于历史自觉的政治决断

的确，纵览中国近代史上的三波"改革开放"，尤其是"第三波改革开放"，一个必须回答的问题是，它们是特定历史政治情境下的权宜之计，还是基于历史自觉的政治决断？如果是前者，仿佛降低了事后回顾时对于它们的敬重，而神话破灭，绚烂不再，却又似乎还原了历史本身自有铁律这一铁律；倘若是后者，则其堪为基于政治决断的历史选择，表现为政治意志基于历史远见而切应于历史发展进程的有意识当下迎应，正为铁律之借助特定人身而道成肉身，历史进程不待人谋而必有历史工具挺身代劳之响应风从、顺水行舟，而终亦必珠联璧合、和光同尘。

可能，追本溯源，就当政者而言，更多地是基于前者，甚至不排除纯为"权宜之计"。毕竟，一切政制均起于火烧眉毛的现实困境，为了解决横亘眼前无法躲避的棘手难题，有时候甚至是与切近人身有关的困顿苦厄，这才多所酬应，甚至急中生智，而将计就计，抑或歪打正着。假以时日，且行且看，试错纠错，应对有效，方始逐渐坐实，而蔚然成制。第三波"改革开放"之初的"联产承包责任制"，就是为了应对填饱肚子、否则难保饥肠辘辘铤而走险这一当务之急，而不得不然，终至于有所然而然。通常所谓的"民心所向"和"大势所趋"，在此至多提供了一个发生论的外围因素，总体而言，了无解释力，却又不得不成为一切历史政治研究的必有变量，正在于它们构成了上述"现实困境"与"棘手难题"的组成部分。实际上，无论东西，不管古今，尤其是非常政治时段，政治多半是"应激"之下旨在"应急"的"权宜之计"。那个久经历练方始积淀身心、叫做什么"政治感"的质素，更不用说政治责任之自省自觉，一个伟大决断者必备的品质，在此乃应时迸生，排闼而出，呼啸发力。如果说政治总是意味着它是某种思想体系指导下的统治实践，诉诸敌我公私的区辨与毅然进行的决断，那么，凡此区辨与决断的表现形式恰恰是围绕着"身体与身体的存续"而来的一系列"权宜之计"。[17] 它们一波激发

---

[17] 此处引用了两位当代法国左翼学人的观点。在阿兰·巴迪欧与让-克洛德·米

一波，一浪高过一浪，终于浪打潮头，而根源则在于溪流汇成江河，千江万河集聚而为滔滔海洋。由此，察而言，敏于行，观其效，修修补补，一步接一步，走到走不通的时候再说，而知是知非，择善而从，当断则断。"试点""试错"，以及立法实践中的"成熟一个，制定一个"，诸如此类，一种实践理性智慧，展现的正是所谓"干慧"。常态政治下，倘若幸而秉持历史意识，更兼政治自觉，则蔚然上上之境，也就是一种理想中的政治成熟，则生民幸焉，国族福兮，而天下升平矣。

当其时，不管具体名头为何，"改革开放"本身只是一个口号与原则。初时仅具大框架，并无具体而清晰愿景，唯有摸索前行。而渐行渐明，乃至于行志古今，则可望而不可即，取决于天时地利。通常情形是，在行动与思想的激荡中，理清器物、体制与精神诸项的理一象殊，推导其起承转合，而终究合体同伦。就"第一波改革开放"而言，激于屡战屡败，出于自救自保，起于"强兵富国"之术，目睹身受侵略者的富强而追求富强，初步观赏而衷心所愿的是"权势国家—权力政治"。切莫小看这一步，就王朝政治与天下体系向民族国家与世界体系的进境而言，此为起步，亦为远景，意味着走兽迈步蜕身为飞禽。也正是基此立论，不妨说，现代嚆矢之际，欧西列国体系与帝国秩序一并袭来，仓惶应对后次第布局，就已内涵权宜与自觉之双重性了。否则，难以理解轰然而起、卓有成效的洋务布局。对第二波来说，初始旨在表彰更张，防范革命，却难挡潮流，终至大开大合，地覆天翻，而收归一统。彼时彼刻，以"约法"为凭，可谓蓝图清晰，自觉主动，浸浸乎毕竟两个国家版本于一役，于是，"宪政国家—宪法政治"慨然登场，并终于惨然收场中于海疆宝岛收获善果，而成大中华文明板块中"先民主起来"的飞地，鼓荡人心，蔚为典范。一头

尔纳看来，存在两个彼此分离的思想体系：一个认同政治作为"思想指导下的实践"而存在的可能性，而"指导思想"本身是可变的；二是以那些已然影响到"躯体和躯体的生存"并有可能再次对其产生影响的创伤性事件为名，将政治归为一系列权宜之计（bricolage）。故而，在这一思想体系看来，政治的本质是也不得不是实用主义的，总是一种生命政治，而这一思想体系是也不得不是怀疑主义的。参详氏著《论争》，邓冰艳译，河南大学出版社 2016 年版，页36、55。

一尾,均由民国政体开局收束,功至巨矣,善莫大焉,非出乎权宜,实自觉皈依。逮至第三波,以"拨乱反正"匡正政道,用发展哲学暂作治道,而以"聚财之道"填充市民生活之世道,则心悦诚服之低头致意与糊弄几年算几年的实用主义并行,同样说明权宜与自觉依然并存。那边厢,自市民生活出发,可能,"欧美的今天就是我们的明天"蔚为鼓荡心头的政治道德召唤,遂将富强与民主同时提上议事日程,却又终究跋足而行,趔趄踉跄,并已触及到"文明国家—文化政治"的怦然脉动了。逮至"维稳"党策登场与"后维稳"之掉头回转,孜孜于"四个维护",隐然蛰伏的极权发作,獠牙再露,正说明其于世界体系之大势所趋,早有警觉,却为党国私利所绊,着意固守既得利益之死心塌地,同为权宜不再,而反向自觉愈益明晰强固之表征也。

此就一面言之。就中国文明转型之大历史来看,上述种种,它们辗转腾挪,则又恰合轨辙,不待人谋,无不激荡着特殊历史节点胸腔内久已蓄育的澎湃旋律,淋漓展现了基于历史感的强韧政治意志,深情擘划出政治意志所秉具的清晰历史感。比如,有鉴于"落后挨打"而图谋富强,耻于半开化乃追求"文明",自觉于人之为人必当自我主宰的德性本体与政治位格及其进退出处之亟需更张,遂讲求政道与治道的升级换代而有政体之价值考问,将"民主""自由"和"人权"提上议事日程。凡此种种,可谓一以贯之,虽跌宕顿挫而九曲回肠,却终究构成近代中国的主流政治意志与历史意识。故而,经权之间,原有机运,自出机杼,而脉络延绵,同样不待人谋,非人力所能阻隔,恰与世界历史进程和现代世界体系遥相呼应也。

就"权宜之计"而言,其优点在于不得不然,终究有所然而然,不仅暂时回避了矛盾,而且反而为"改革开放"腾挪出可能的空间。换言之,为了固有的利益与可能的利益,同时不排除"缓过这一阵子"的处心积虑,肉食者不得不容忍有限变革,却不料多米诺骨效应发酵,致使权宜之计渐成定制,虽事后恨得牙痒痒,却也无奈。此于私营经济的成长发育,最能说明问题。同时,走一步看一步,看一步走一步,"摸着石头过河",步步为营,倒无先入为主的羁绊。依循那个大框架,埋头苦干,往前奔就是了。缺点则在于一旦"财大气粗"，抑或，难题舒缓，局势平稳，又或触及核心利害，则顿时止步不前，乃至于掉头回撤。晚近五六年间的"文革式"回归，同为佳例。正是此种情境性，使得"改革开放"位于并无确切愿景而又秉具真切愿景之间，由此而有争执，而欲拒还迎，而于进退出处之际难免决绝与犹疑，而有所谓的"屁股决定脑袋"，甚至有晚近这一波政治小周期之倒行逆施。其世相，其心态，表现为社会心理效果，便是对于改革进程之可逆与不可逆时时刻刻的提心吊胆。此不惟一般国民如此，即就当事者而言，亦且如此。

另一方面，所谓已然"故步自封"与不惜"壮士断腕"之两相对照，正为此间拉扯的表征。就刻下而言，"改革永远在路上"的官方宣谕与希望依循行动图和时间表而"将改革进行到底"的大众呼吁，两套改革话语的出现及其对立，亦为其后果。迄至"该改的、能改的坚决改；不该改的、不能改的坚决不改"，实则已将进路堵塞，等于宣布上述宣谕为零，正为权宜不再，图穷匕见之症。[18] 在此，综合三波来看，均有这样的问题，这才导致革命连连。就是说，起源于地中海文明的现代世界的现代秩序浪打潮头，逼迫出中国的改革开放，使得任何拒绝这一世界体系的努力均为痴人说梦，可基于既得利益、固守基本盘的徒劳挣扎，亦且如影随形，而且，时见癫狂。故而，时至今日，晚近这一波改革之道义动机不存，利益动机亦失，只剩下"保江山，坐江山，吃江山"的龌龊，所以才裹足不前，为此而不惜返身回头，形迹昭彰，天下心寒。——或曰"物极必反"，抑或"作死的节奏"，同样游弋于应然与实然之间，回荡着历史与现实的悲鸣。也就因此，重启改革的利益动机阀门，激扬改革的道义动机，蹈励最后决断的政治意志，而首先是阻止前述晚近政治小周期倒行逆施对于历史进程之歧引，实在是当务之急。本书第二章专论"保卫改革开放"，心意在此，而不止于此。

说到底，在政治与人生的意义上，也是就政治诞生之本源而言，

---

[18] 有关于此，参详本书第五章第五节"'该不该'与'能不能'，必须交由全民讨论"。

所有的"改革开放",既包括晚近中国的三波浪潮,也含指四百年间英法革命以及自此以还东西诸邦立国建制的大转型,均源于社会苦痛,基于政制无效,而无不迫于统治危机,并且利用了人性的弱点。其中,统治危机的倒逼,比所有关于良政和善治的道德说教加总还要管用,正所谓好德不如好色者也。在此进程中,调动利益动机,激扬道德动机,厘清历史图景,淬励政治感觉,将它们汇总为建设良善人生和美好社会的强劲动力,也就是在克服人性弱点,砥砺美好人性,而助力于正派人生。在此进程中,政治,还是政治,为此一切归纳收束,作育笼统起万民合众群居的可能性与可欲性,堪为人世最高智慧。就此而言,中国超逾一个半世纪的长程"改革开放",是一个克服人性弱点的漫漫跋涉中的时间节点,而表现为对于人间正道的回归与尊重,对于其获秉尊重的必然性之道德服膺,对于它们的历史意义的有效重申,已然并且必将引申出其所应有、本当追求的人生意义。其间基准,弱如游丝而又坚忍不拔,见仁见智却又相约咸奉,便是常态人生及其文明基准,一种非专政与非军管状态的合众群居之安和世间。笔者之所以一再重申政治的最高属性,以及政治的本质在于"建构主权,分清敌我,区辨公私,进行决断,提供和平",其意在此,其义亦在此。[19]

六、从边缘到核心

综上所述,现代世界体系取替旧有区域体系或者帝国秩序,不仅呈现为一种全球同构性治理结构,将一切国族无所逃遁地裹挟组织进来,而且,是以不断重组中心—边缘关系与含慑多边治理结构为补充,从而自我实现的历史运动。"现代中国"的诞生表现为同样基于"双元革命"的三波"改革开放"的文明大转型,行进至今,已到最后收束时段,不意却回环往复,悬疑重重,恰恰表明这个世界体系有力存续,却又风雨飘摇,而共同谱写着这一行进中的世界历史的沉重

---

[19] 有关于此,参详拙文:"'立宪民主、人民共和'就是当代的王道政治",收见拙集《国家理性与优良政体:关于"中国问题"的"中国意识"》,香港城市大学出版社 2017 年版。

篇章。总体而言，在此进程中，中国文明屡仆屡起，经历了自世界体系的边缘而逐次进入核心的漫长历程，呈现出在此世界体系之中、次第深入的相互塑造形态，展现了枢纽型文明的浩瀚德性内涵与"世界历史民族"的磅礴政治潜力。自半生半死，方死方生，而九死一生，一阳来复；从非古非今，不中不西，而势必中西融汇，山峙渊淳。其间，包括"中国""现代中国"与"亚洲"的概念化，其所指称的文明内涵和政治共同体意义，既源自"欧美"及其"世界历史"概念，又重写了这一概念。若说初期主要表现为这一体系及其区域性结构对于中国文明的冲击，则愈往后来，随着现代中国的成长，便愈益展现出后者的有机反馈特性，乃至于一定的塑造能力。迄而至今，基于下述"二战"遗留问题的世界体系统合努力，表现为历经"二战""冷战"而犹存的两种绝对理念的决战，已到最后关头。

换言之，"坚持改革开放""保卫改革开放"，乃至于"将改革开放进行到底"，不仅是在作育现代中国及其持续成长，同时也就是在塑造世界历史，推动此一世界历史进程，进而贡献于现代世界体系的合理化。随着"现代中国"这一文明共同体与政治共同体的进一步成长，有望逐步超克这一当下红色极权政制，其得期待而不止于此的中国文明质素，诸如民胞物与的人文人道底色、慎终追远的伦理历史观念、普世主义的家国天下襟怀与王道政治的理性主义，必将淬炼提纯，日升月恒，既为此一源自现代地中海—大西洋文明的"第一期现代文明"收尾，并有望于世界文明共同体的良性互动中，推展出一个"第二期现代文明"。滥觞自地中海文明的现代世界，于欧亚大陆的东端灿然收束，宣告一个历史终结的开始和一个历史开始的终结，生生大化，有所望焉，终必成焉。

朋友，放眼大历史，所谓的"中国问题"是近代世界文明大转型体系中的华夏方面，在中国文明观察，则为秦汉转型两千余年后的又一次文明大转型，故有"三千年未有之大变"的先贤感喟，启动于并迎应的正为这一世界文明秩序大转型。但就"漫长的十九世纪"与"短暂的二十世纪"来看，置身本书后文将要详论的"自由主义五场战役"与"红色帝国"语境，则"中国问题"实系"二战"所遗留。"二战"合力对付德日，自由阵营与红色极权合谋，轻忽或者无视后者的邪恶，于不意间养虎遗患，让一个更为暴虐的政道和治道体系普遍崛起，不仅培养了自己最大的敌人，其于此后的半个世纪中，骎骎乎几乎横扫整个地球，令数十亿生民涂炭。而且，遗患至今，致使自由秩序再次遭受严重威胁。此于全球格局如此，此于吾国抗战情形亦然，痛如何哉！回头一看，"二战"后的全面冷战与局部热战，均为此一遗留问题之长期隐痛与不时发酵，而终究为绿教恐怖势力之横绝所打断，并因冷战之阶段性胜利而忘乎所以，导致一个志在红色帝国的超大规模极权政制挟带经济势力死灰复燃，且益甚嚣尘上。此一问题尚在，便一日难言历史终结，而成迫令吾人启动思想的发动装置，令灵魂为现实而备受煎熬。思想与灵魂之火不灭，必将烛照前路，而有望迎来黎明。因此，在此刻中国语境立论，"保卫改革开放"就是在拆解极权政制，也就是在为彻底解决这一"二战"遗留的世界性问题做出阶段性努力，在在致力于良善人生与普世福祉，首先是此方水土的自由，而为通达那个真正历史终结的盛大终点接引天国之光。

第二章　保卫"改革开放"

2018 年 1 月 9 日，天则"新年期许"论坛发言

目　录

【内容提要：晚近几年，不仅"改革空转""假改革"流行，而且，打着改革旗号的"反改革"，不期然间，均同时出现。犹有甚者，"文革"势力沉渣泛起，已到公然否定"改革开放"的地步，导致政道理念与治道策术方面多有倒退。因此，号曰"改革开放"四十年，可照此后退之趋势，大家不得不担忧会否回到毛时代，那个亿万国民觳觫偷生的酷烈人世。因而，当下时代急务，既在继续推进"改革开放"，则必须首先奋起保卫"改革开放"，捍卫"1978"。否则，不进则退，伊于胡底。】

1978 年重启的大转型，是中国近代史上的"第三次改革开放"，连同此前两波"改革开放"，一个半世纪里，它们风雨兼程，构成了秦汉大转型之后，两千年来中国历史上最为重大的变革。时至今日，本当是最后收束时段，期期于踢出临门一脚，却没想不进则退。不仅"改革空转"，虚与委蛇的"假改革"流行，而且，打着改革旗号的"反改革"，不期然间，均同时出现。犹有甚者，"文革"势力沉渣泛起，从怀念那个扭曲时代的审丑起步，已到公然否定"改革开放"的地步。实际上，不惟难见"进一步改革开放"，而且，政道理念与治道策术方面多有倒退之迹。因此，号曰"改革开放"四十年，改变中国，影响全球，可照此后退之趋势，大家不得不担忧会否回到毛时代，那个亿万国民觳觫偷生的酷烈人世。因而，当下时代急务，如执政党及其领袖所宣谕，既在继续推进"改革开放"，则必须首先奋起保卫"改革开放"，捍卫"1978"。否则，不进则退，伊于胡底。

一、为何必须"保卫改革开放"

首先，在"改革开放"这面大旗下，过去四十年里，经权之间，基于现代性方案、旨在解决"中国问题"而逐渐凝聚成型的基本共识，不少已然遭到颠覆或者抛弃。例如，全体国民政治上和平共处而非敌我两分的国族理念，着重于民生而非仅只国家主义光荣政治的价值导向，集体领导的权力配置与逐步走向政治改革而非重归个人崇拜与强化威权统制的大转型进路设计，内政导向的富强国策及其以建设与发展为中心而非过早大投入介入全球治理的立国路线，积极融入并建设现代世界体系而非东怼西怼的国家理性。——凡此种种，皆为吾族吾民超愈一个半世纪流血流泪体悟汇聚的经验教训，这

27

几年间均且多所修正，甚至名存实亡，而偏离了根本解决"中国问题"的"改革开放"路线。事实证明，上述共识基于百年现代立国的生聚教训，实为国族自强更张、文明复兴的底线，而颠扑不破者也，岂能扭曲抛弃。由此，它催逼出了必须保卫"改革开放"这一时代急务。

其次，2003年所谓"民权元年"以还十年，高层当轴起于贫寒，环身皆赵，故尔尚算兢兢业业，看起来大致谨慎。其于庇护金字塔尖百分之一大捞特捞的同时，却又多少展示了努力与社会和解的基本善意。也正是在此时段，社会与思想乘隙获得了一定的发育空间，权力与权利的平衡意识逐渐影响官民两界，加之正赶上现代网络传播这一技术时代，致使官民普遍分享现代观念洗礼。譬如"执政为民"之宣谕与"新三民主义"之倡说，既在向国民做姿态，便也就是经权之间的有限位移，而这就是国家治理体系现代化的理念起步，也是以"高抬贵手"的方式在夯实其社会基础。最近几年间，执政风格仿佛一改前辙，公子哥派头羼杂地痞习气，赤裸裸的权力意志益发嚣张，而且日益粗鄙化。它立基于公开的血统论，所谓的"红色基因"，诉诸制造公民等级的社会达尔文主义，铺张赤裸裸的国家主义，强化旨在排斥大多数公民分享政治的专政格局，而分享政治与政治的分享性本当为逐渐趋近之公民理想，也是必当恪守兑现之国家理性。置此情形，中国遂成"政治后裔"们的政治殖民地和赵家大观园私宅。权力过度伸展之际，社会发育终止，思考自由遭受重创，而党政一体、党国一体、军政一体、经政一体乃至于君师一体的国家形态，却大步回归，在此百年难逢之和平时代的某些领域造成了某种"准军管状态"，实乃匪夷所思。由此，它催逼出了必须保卫"改革开放"这一时代急务。

再次，犹有甚者，大家必须清醒认识到的是，中国过往三十多年"改革开放"积攒的家底子，几年来支撑起了政制铺展及其外向格局，实际上却多所挥霍。照此内政日紧趋势与外向型国家政策取向，钱不会自动从天上掉下来，终有难以为继之日。鉴于萧条前景的现实可能性，可见未来时光里，会不会出现诸如委内瑞拉式的家当挥霍殆尽之情形，而导致全面萧条，实在亟令吾人高度怵惕。此刻有钱，是过去几十年慢慢积攒下来的，皆为民脂民膏，自当首先用于内政民生。况且，中国税负之重有目共睹，除开那些"先富起来的"，生民上焉者不过温饱，下焉者尚在贫困线挣扎。而目前的外向型政策，伴随着民资外逃、民企投资断崖式下降、国企效率不振、国民经济信心低落等等，坐吃山空，是早晚的事。那时节，收不上银子，不仅难言维稳，遑论民生，还可能引发非常政治重来。时不时的，"打土豪分田地"之嚣嚷震天而风声鹤唳，以及更为不堪之"彻底消灭私有制"云云，如此"初心"，令好不容易刚刚过上几天温饱日子的良善国民胆战心惊，其因在此。实际上，1978 年之重启"改革开放"，其动机之一，也是一种权宜之计，如前章所述，就是以"改革开放"为"聚财之道"，而终究指向富强愿景。如果连这一条基本共识和维系政治合法性的兜底之处都难再保的话，那么，吃紧之际，面对财政困境而利用"打土豪分田地"的狂躁以竭泽而渔，杀肥，亦且绝非不可能。置此情形下，不明就里与别有用心地缅怀"文革"，回到"文革"，自草根底层而至当轴高端，就可能成为一种选项。君不见，有人鼓噪"建国一百周年时向全世界宣布，中国废除私有制，进行第二次公有化"，以及什么什么理想"就是废除私有制"等等，凡此一经发酵，与失意草根的愤懑两相激荡，再加上无耻左派文人的渲染推导，就可能引发大规模社会动乱，亦非耸人听闻。由此，它催逼出了必须保卫"改革开放"这一时代急务。

最后，说一千道一万，之所以今日亟需保卫"改革开放"，就在于放眼世界体系大历史，迄而至今，中国这一波大转型尚未完成，有待接续奋斗，正处于收尾时段。换言之，"现代中国"的政治建国进程尚未完结，既有政体不过是一种过渡政体，作为这一政体表征的现行宪法，只能是一部临时宪法。必要等到立国进程结束，"现代中国"完型，中国文明的优良政体挺立，几经折冲樽俎后宪制定型，为万世开太平的真正的立宪时刻方始到来，"临时宪法"始望为"永久宪法"所取替。因而，这一波"改革开放"走到今天这一步，即将水落石出，而有待临门一脚，必是矛盾最为尖锐而危机四伏之际。利益格局固化，道德动机阙如，更可能因为利益冲突加剧，而调转回头。左右为难、惊慌失措之际，可能，据有些人的一己之念，为保大观园之私，不惜祭出刀枪也。由此，它催逼出了必须保卫"改革开放"这一时代急务。

一句话，"改革开放"走到今天这一步，不进则退。倘不赶紧保卫"改革开放"，就有可能往回走，实际上已经开始往回走，但愿不是耸人听闻。

二、新极左

在此提醒大家的是，恰恰在此关口，几经作业，一种新型意识形态"新极左"逐步浮出水面。从邓时代的"不争论"，江执政的"闷声发大财"，胡温执政前半段的"不折腾"，有意回避意识形态，去意识形态化，而以经济建设和"奔小康"这一发展主义与民生主义统辖，到此刻的主动再意识形态化，并且不时挑起意识形态之争，主要表现为对于一系列基于现代性的立国建政共识所进行的价值批判，对于"文革"之借尸还魂，其之来势汹汹而浊浪滔滔，是近两三年出现的一个重要现象。这一波再意识形态化，并非简单径直回归毛思潮，亦非教条搬用马列原典。一味斥责其"左"或"极左"，实在太过低估了包括那些学院教授在内的文宣打手们意识形态的建构力度，也轻视了自左翼颠覆"改革开放"共识，从而维护其所希冀缔造的政统正当性的修辞技巧。

在我观察，此一可用"新极左"概括的意识形态作业，内涵相当驳杂，可谓左右开弓，而以文饰当下极权、哄抬领袖、制造敌人与鼓噪粗鄙国家主义提纲挈领。既含有文革毛左极权思潮，亦糅合了某些西方白左理论，更采纳了二十世纪西方右翼乃至于法西斯理念，甚至于将陆王心学牵连附会。它们几经混搭，调剂酝酿，终于发酵成今日模样。其理论面相，目下尚未完全定型，但不再是简单的文革式极左，毋宁，一种更具修辞力的"新极左"，则属无疑。旧日文革式左翼思潮，比如，强调阶级阵线阶级斗争，着力于区分姓资姓社，凸显红色江山及其接班人脉络，鼓噪斗争哲学全面内战，乃至于最近倡说的"继续革命"云云，均为基本要点。除此之外，左派学者之集体右转，勾连上了施特劳斯与施密特，乃至于特朗普和某种法西斯主义极右翼观点，狐假虎威，指东打西，为此"新极左"意识形态添砖加瓦，而较旧式极左略胜一筹，粗鄙依旧但智巧有余。因此，装点为民族主义的国家主义，以重建社会秩序和伦理秩序面目而出现的威权宰制，表现为自我殖民的"北京排华"而实则深埋于权贵裙带们阶级意识中的社会达尔文主义，看似以富强为导向而实际上涌动着帝国思维的霸业冲动，冒充为心学的唯意志论，凡此种种，花里胡哨，遂一登场，实为此番"新极左"推波助澜的产物，亦为其基本义理结构。说来好笑，本来，帝国研究之为热点，对于帝国霸业图景的热衷，均为右翼思潮，今日却主要出现于中国左翼理论作业日程，正表明此种"新极左"意识形态的右翼底色，而一以巩固既有格局并取悦于权力为目的，其心态，其姿态，不打自招矣。

与此同时，努力培植小市民多愁善感的伪浪漫主义，以此作为廉价的心灵麻福散，经由意识形态导演与市场娱乐化操弄，双管齐下，满世界飘荡，正在成为催眠全体国民，并且甚至早已影响到一般知识界的市侩哲学。汉语知识界之平庸，既是长年钳口政策的恶果，亦为从业者自甘堕落所致，更是政治权力努力培植没心没肺的技术型专家的价值导向使然。自诩自由主义学人之学养贫乏而又汲汲于推杯换盏，实为置此情形下不自觉之自动入彀者也。这一取向与结构，要说有什么大不了，也没什么大不了，不过就是"面包加马戏团"。但是，当下的操作是以商品经济时代消费主义娱乐化出现，经此包装，这便颇具颠覆性与裹挟力，从而，遂成新极左意识形态的侧翼。从当年满大街流行之"说《论语》"廉价劝世文，到装神弄鬼的国学热、礼拜大师、参禅悟道，再到后来的娱乐至死，迄至此刻所谓"退一步海阔天空""用心去爱就会原谅一切"，以及"幸福是奋斗来的"，使劲儿摧残智商、愚弄情商、腐蚀仪商、消泯灵商而打压义商，均为其表象，而必致浩劫。

诸君，凡此商品消费主义小市民多愁善感，于常态政治条件下的亿兆生计，可谓调料，并无不当，适为所需，不惮其多，唯恐其少。俟诸中国这波必将前后延宕两百年的大转型完成，一般不再有啥要命的事，成天价儿的将会是此类市民娱乐，充盈市井的必是此番市民社会的常态常情，可预期者也，可预贺者也。否则，对于多数温饱有余的市民阶层来说，起居于刻板作息时序，托付在劳生息死之命定框架，这平庸时代的无聊时光怎能打发，终究一个向死进发的生命历程且非备受煎熬。可问题在于并且仅仅在于，面临大转型收束时段这一非常政治时刻，一方面打压以直面问题要害而进行深度严肃思考的国族心智，乃至于连"宪政"也成了敏感词，另一方面却又神剧满屏、伪娘娇喘、催眠有加，一切只剩下"舌尖上的中国"，则其祸心自现，而于国族心智、心性、心志与心灵，适为一剂麻药矣。其所针对和解构的是真实甚至酷烈的历史叙事与前瞻性愿景期待，消弭的是直面现实而正视中国大转型有待最后收束的政治意志，诋毁的是几经摧残而亟需养育的国族道德心气，实在祸莫大焉。

置此情形下，对知识界噤声日严、言论口子越收越窄，与上述种种并行呼应，共同以阻隔对于政治德性的自然法式追问，对于生活方式的超越性伦理审视，而造就一种承认现实之无可奈何，暗示"认命"的犬儒主义生活哲学，作为此种"新极左"意识形态的侧翼，遥相呼应，可谓智巧矣。

本来，汉语学术、思想与文化的持续发育成长应足以支撑国族政治身躯的发展，适相比配，这个叫做中华民族的政治存在才能身强心健。可随着言论管控日严，钳口日甚，这一势能减弱乃至于终将窒息，则无脑政治势必莽撞，如同无眼跛脚巨人用力过猛，跟跄之下，必有扑倒之虞。小而言之，错别字不断，暴露的不仅是个人的受教育程度严重有限，更是七十年里殖民这个国族的党国集团集体低陋粗鄙之丑态毕现。毕竟，时至今日，再也无法用经济蛋糕消泯民族的道德愿景，更不能以此取代抹煞伟大国族和亿万公民的政治理想，反智主义与心灵鸡汤式的多愁善感是市民生活的万应灵丹，却不应用作、也无法永远足为麻醉国族政治自觉的廉价毒药。

因此，这一波新极左意识形态，包括王绍光、胡鞍钢精神疾患式臆想，强世功厚脸皮往上贴的东拉西扯，孔丹们这些自以为是而实则半吊子、浑身散发着霉味的前现代的政治后裔们早已过时的粗鄙操作，搬弄些现代西方白左和右翼思潮的学院跪舔一族的拼拼凑凑，终于构成了其理论作业和思想表达形式，需要引起知识界的高度警惕，而将建构理性刚健的国家伦理与法治国理论，首先是符合常识、遵循人道、不违人性、有裨亿兆生民常态人生的政治理性，作为中华文明复兴的应有之义。

三、中产阶级必须担负政治责任

至此关键时刻，中国的中产阶级必须自觉实现政治成熟，担当起主导性社会政治力量的历史职责，尽速登上中国历史舞台。

依照某种官方意识形态，"工农联盟为基础，工人阶级为领导"这一基本架构，奠立了刻下政权的正当性基础。但是，我们知道，至晚 1950 年代中期以还，中国的资本阶级便不复存在，本来与资本阶级相对应方始存在的工人阶级，自此变成了孤家寡人式的"城市产业工人队伍"，吃喝拉撒悉由单位做主，生老病死皆在围墙之中，以单位人的孤立状态直隶于国家，实际是附属于各级政府及其企业。这不是什么工人阶级，毋宁，一种二十世纪的"城市工业啬夫"而已。就是说，中国政治版图上，本来就弱小的所谓"工人阶级"，至此不复存在。

这一波"改革开放"以来，外资和民资崛起，意味着资本阶级重新登场，有可能自反面重构工人阶级，可"招商引资"的官方路线决定了权力必与资本抱团取暖，共同对付劳工阶级，包括严禁真正工会与劳工援助团体活动，而使得工人阶级终难成型。敲骨吸髓，尤其是残酷盘剥农民的结果，是养肥了国家资本主义那煌煌顶端的百分之一。同时，由于"砸三铁"与国有企业经由改制而完成了权贵化过程，将原有城市产业工人队伍彻底打散，导致在资本阶级重新崛起的同时，遂以三、四亿没有任何国民待遇的农民工填充进原有的产业工人队伍，不仅再度造成孤立无援的个体面对庞大权钱一体的权贵体系的格局，而且，是一个召之即来挥之即去的、涣散的、从而必定是廉价的二等公民劳工群体。经济学家名之曰"蓄水池"，谓为"比较优势"，道尽其真相，却又荒唐至极。因此，通常所谓"三农问题"，纯然是此种盘剥体制硬性制造出来的，而非自生秩序本身。

换言之，在此情形下，所谓的工人阶级依然不存在，因此工农联盟也不存在，农民更是在半个多世纪里承受了中国社会政治变局的多数苦难。因而，当下权力所依赖的阶级基础遂成真空，实则以权贵资本自家人小圈子为基础，表现为"政治后裔"们全面占领国家、全面垄断原始资本积累的利益收成之后，以一个小圈子内部既得利益为基本盘，而继续占领这个国家并分享既得利益的固化局面。那边厢，与"打江山，坐江山，吃江山"实质并列的，是明面上铺陈的所谓"人大代表"，其之自编自导自演，毫无代表性，不仅是"高贵的陌生人"，而且，多半时候，适为人民的异己性存在。更何况，资质窳劣，丑态百出，徒为世界之笑料尔。

曾几何时，"政治后裔"们投身"改革开放"，挟带着天然优势，此刻早已从当年的共同奋斗者变成今天"改革开放"红利的最大占有者。而且，不意间，却又必然的是，几番辗转腾挪，已然丧失了政治感，更且毫无政治激情，完全不再有任何推动改革开放并将这波大转型推进到底的政治德性和道德动机。利益格局锁定，最大的利益动机便是固化利益格局，坚守基本盘，表现为"打江山，坐江山，吃江山"的心理结构。而且，对此心照不宣，心知肚明，而使得"进一步改革开放"遂不可能。换言之，置此情形下，拒绝分享利益分成，希望永固基本盘，成为这个社会之所以走到今天不进则退的根本原因所在。因此，此时此际，既亟需重启利益动机，以利益撼动利益，以权利制约权力，还必需启动道德动机，用充盈文明自觉的历史意识、澎湃着政治意识的强劲国族心性与指向合众群居的共和理想的健全良知良能，战胜政治市侩主义，驱逐钳口噤声的政治极权恐怖。

在此，谁能破局？如何破局？如前所述，陈义于"政治后裔"们，已然是无用功。草根阶级吗？不，他们是可以收买的，也是可以恫吓住的。毛毛雨，小恩小惠，实际上已经收买了。其生聚，其甘苦，历来只是历史进程的参照因素。城镇市民阶层，一种市民社会的群众，前政治与无政治的存在，因无阶级自觉，消泯于"搞点儿小菜菜吃吃"，不成气候。至于民间零散出现的大量维权行动，激于义愤，息于治安,止于民生,并不足以重启"改革开放"。另一方面,城市底层普遍的不满已然弥漫,并开始出现了"文革遗民"们回归旧时革命记忆乌托邦、诉诸阶级斗争与暴力革命等旧时话语工具的现象,再不有效扭转,以主导性政治意识同化含摄,剔抉升华,则危乎殆哉。

因而,此时此际,鉴于"工人阶级领导,工农联盟为基础"早已名存实亡,政治后裔们为核心的权贵资本德识卑污,上述诸种社会因素涣散,表明中国的历史进程和政治发展呼唤新兴中产阶级在捍卫经济权利的同时,必须赶紧走上政治前台,自觉提升政治地位,在政治实践中实现政治成熟,争取政治主导权。而这是一个中产阶级培养政治感觉,提升政治责任意识,实现政治成熟的伟大斗争,也是一个对于全民族的自我政治教育进程,目的和结果是且只能是全体公民政治上的和平共处,一个伟大的共和国理想。为此,中产阶级必须意识到自己是中国这波大转型收束时段的国族政治意识的担当者,激发自己"有志于政治领导权的阶级所必须具备的强烈权力本能"。

在此,如果说执政基础及其代表性的话,那么,不是别的,就是这一新兴中产阶级,将它做大做强,并自觉以此为基础,才能获得执政合法性基础。实际上,作为改革开放的共同受益人,"中产阶级"意味着最大的统一战线,最为稳定也最希望稳定的社会力量,从而,也是最有可能担负起政治责任的政治力量。所谓的"人民"不仅要还原为具体的生民、族民、市民、国民与公民,特别是选民,才能彰显人民的主权者位格,而且,必须具体化并坐实为此刻所谓的中产阶级,才有政治意义。在此,中产阶级的阶级意识的培养和觉醒,从而作为体系化的力量之获得自家的政治意识,其实不是别的,就是作为这个国家的主要纳税人应当享有相应的代表性的权力意识。因此,对于中产阶级之为主导性社会政治力量的呼唤,就是在将人民坐实,从而,坐实真正的主权者位格。其之发育成长,可能,才是破解利益动机固化、道德动机不足,从而重启"改革开放",而首先是"保卫改革开放"的基础所在。因此,爱护中产阶级,千万不要摧残他们,是这个国家的福旺所在,也是真切的执政基础。什么"三个代表""四个全面",还不就是基于他们并为了以他们为核心的生民之福吗!

　　笔者此番陈言，多受马克斯·韦伯及其身处其中的德国近代历史的启发。有感于十九世纪末期容克贵族既得利益集团不肯退出历史舞台，却又衰朽不堪，早已落后于时代，难能迎应急迫内政转型与扑面而来的世界体系的挑战，而市民阶级未老先衰，早为市侩所染，工人阶级尚未成熟到足以担纲领导者角色，导致德国难以发育出成熟的民主政治与国族心智，纵便外表强健，实际上却无主导性力量，一有风吹浪打，必然不堪一击，马克斯·韦伯忧心如焚，未雨绸缪，大智大识，乃疾呼德国新兴的市民阶级，也就是德国的资产阶级，以及以资产阶级为轴心的整个中产阶级登上历史舞台，而重启社会发育与政治建设进程，以此为锚，动静出处之际，德国这艘大船方始有望平稳远航。而后来国家社会主义极左民粹叠加纳粹，彻底扭曲了这一历史进程，裹挟中产阶级，正是违乎此道，遂致兵连祸结，直至灭顶之灾也。

四、既集大权，请办大事

　　过往五年，以"反腐"为旗帜的政制行动展现了秉具政治担当的政治意志，于吏治整肃方面已见行政效果。与此同时，大国互动刚柔相济，以亚投行为标志的全球财经布局有条不紊，怼南海硬是怼成了既定事实，叫美日奈何不得。凡此事功，非牛人不能为，亦且有目共睹（不过，却又催化出一个美日印澳的围堵，涉及战术胜利而战略失算的可能性，有待观察，另当别论）。正是在此进程中，总统制式的集权仿佛完成，格局已现，则"既集大权，请办大事"，遂成此刻国族历史进程发出的激切时代政治呼唤。

　　那么，什么是大事？朝野左右，自有看法。但是，不是什么"解放台湾"，也不是一味无谓怼日怼美，则无疑义。若以"武统"而实现一统，期期以为大事，可谓阴招，高级黑。另一方面，所谓"反腐永远在路上"，如同"改革永远在路上"，既是决心，也是遁词，不成其大也。毋宁，如舆议所言，实施官员财产阳光制度、全面减税、扶贫、振兴乡村尤其是乡村基础教育、建立合宪性审查机制、推动司法独立意义上的司法改革、强化人大预决算权力、设置专职人大代表并坐实人大代表选区、容忍多元媒体与建立现代大学制度，凡此种种，均为"大事"，不妨一件一件，即刻起步，慢慢办。

尽管如此，对于身处今日这一历史节点的中国来说，最大的大事，悠悠万事，惟此为大，置于两千年历史长河而堪为其大者，就在于最终完成这一波已然延续百七十年的历史大转型，于进一步坐实现代中国"1.0版"的基础上，建设"2.0版"现代中国。

此话怎讲？原来，如前章所述，现代世界历史三百多年，中国近代历史百七十年，是一个"双元革命"的浩瀚进程。此即所谓"民族国家—文明立国"与"民主国家—自由立国"，两元并立，支撑起现代国族大厦，也奠立了现代世界体系的基础。前者为现代国家的"1.0版"，是要在文明立国的基础上建构民族国家，彰显文明的主体性。后者是现代国家的"2.0版"，旨在自由立国的基础上建设民主国家，实现"立宪民主，人民共和"的政治主体性。两相叠加，双元接续，建立起的是现代政治国族，一个亿兆生民的共和家园。其中，民族国家所建构的主权体列国体系与民主国家公民理想所倡扬的永久和平，二者紧张并立，构成了所谓"现代秩序的世界体系"，而为现代文明之现代生活也。

现代中国是现代世界历史进程的有机参与者，亦为现代世界体系的重要组成部分。此一进程与体系，具体到吾国情形就是，中国之为民族国家早在"1911"奠基，历经第一共和与第二共和接续奋斗，第次坐实，蔚为大观，有待收束。而中国之为民主国家，正在建设进程之中，有望于未来一、两代人的奋斗中，力争理性和平，随着这波大转型之收束而毕竟其功。仅就大中华文明圈来看，则台岛民国政体下民主早已先行一步，不仅兑现了曾经的宪政承诺，完成了这波大转型，而且，正在以其典范性向整个中国昭示民主的普世治道意义。由此，"文化中国—文明立国"与"政治中国—自由立国"，两维挺立，邦安国固，国泰民安。因而，"中国"与"现代中国"不是别的，是文明与政治的统一体，人民与城邦的共同体。抑或，以"大事"促大事，需要尽快启动现代国家的 2.0 版本，如此方能促使这一波中国历史大转型平稳落地，现代中国最终加冕，而为此现代世界历史收束。此为世界历史国族的赤县神州之天命，亦为当下国族政治进程的内在脉络之启示，有待此刻展现充盈历史意识之强劲政治意志，而起脚迈步也。

回首一望，二十世纪七十年代，作为现代世界历史大转型中与英国革命、美国革命和德国革命并列的八大典型案例之一，"西班牙模式"涵括西班牙、葡萄牙、希腊、智利、南韩与中国台湾等诸种情形，扩展而言，并可包括南非与缅甸的政治转型。其之起步于右翼极权，而终于民主政治，堪为奇迹。尤其是专政者凭借个人权势与声望，以良知回应历史，借集权而还民权，力挽狂澜，启动民主转型，实现光荣革命，进而完成和平过渡大转型，实足彪炳千秋。

江河汤汤，人世泱泱，瞻前顾后，东西映照，立足当下，在此可得陈言者，一句话，"既集大权，请办大事"。

为此，配合上述诸项可得即刻动手的"大事"，作为一种过渡性处理，则坐实法理上的最高权力，使事实上的最高权力向法理上的最高权力靠拢，亦为选项。此不惟重申全国人大是中国的最高权力机关，而非只是工作机关，宪法之不可摇撼，更在坐实宪法第35条规定的各项基本公民权利之神圣不可侵犯矣。

临了再说一句，"政治后裔"们自"1978"大步后撤，固守经由"改革开放"而形成的既得利益格局，排斥其他阶级阶层的分享与参与，说明其心智与德性，已退化为小市民的政治市侩主义。逮至诉诸赤裸裸的社会达尔文主义，钳口日紧，等于重拾专政理路，表明不足以担纲历史进程。正因为此，国族建构未能从1.0版本进入2.0版本，经济建设主导到达此刻这一程度后未能转换为民主国家的政治建设轨道，表明政治后裔们的政治感丧失，政治德性隳颓。因而，启动已然延续百七十年的大转型之临门一脚，完成国族天命，要求"既集大权，请办大事"。否则，毕竟还如马克斯·韦伯所言，"一个大国的最大危险莫过于被一群政治上毫无教养的市侩所领导。"

第三章　我们当下的恐惧与期待

目 录

【**内容提要**：包括整个官僚集团在内，当下全体国民对于国家发展方向和个人身家性命安危，再度深感迷惘，担忧日甚，已然引发全民范围一定程度的恐慌。盖因近年来的立国之道，突破了底线原则，倒行逆施，而这曾是"文革"后执政党收拾合法性，并为三十多年的"改革开放"证明为最具正当性的政治路线，也是全体公民和平共处最低限度的社会政治共识，本不该动摇，千万不能摇撼。】

包括整个官僚集团在内，当下全体国民对于国家发展方向和个人身家性命安危，再度深感迷惘，担忧日甚，已然引发全民范围一定程度的恐慌。盖因近年来的立国之道，突破了下列底线原则，倒行逆施，而这曾是"文革"后执政党收拾合法性，并为三十多年的"改革开放"证明为最具正当性的政治路线，也是全体公民和平共处最低限度的社会政治共识，本不该动摇，千万不能摇撼。

一、四条底线

那么，是哪四项底线原则呢？

第一，维持基本治安，明确国家愿景。结束连年"运动"，中止"和尚打伞无法无天"，以包括连番"严打"在内的强力整肃，阻止社会失范，维护社会治安，同时尽力实现社会和解，大致提供了一般民众生聚作息的基本秩序条件，是四十年里现有政体的底线合法性，也是历经劫难后的亿万国民拥护"改革开放"的原因所在。虽说从治安到公正，自就业而尊严，公共产品的内涵缺一不可，而且时移世易，诉求必然逐次提升，但在高端产品阙如之际好歹有底线保障，对于历经动乱和苦难的百姓而言，总是好事。毕竟，升斗小民，日常起居的美好愿景不过是安宁生活，期身于温饱小康，而以世道安靖为前提。虽说此种治安格局及其后来发展出来的"维稳"路径，反过来滋生出新的问题，暴露出政治统治正当性不足这一致命病灶，但就其提供基本治安而言，却是成功的，也是合意的。

不宁唯是，三十多年里，尤其是1992年春夏之后，执政党以经济建设为中心，所谓"专心致志谋发展，聚精会神搞建设"，坚持二十年不变，则官民互动之下，几个回合下来，一般国民认为不管谁上谁下，他唱罢你登场，反正发展经济、专心国家建设这一条蔚为基本国策不会改变。有此预期兜底，遂仿佛多所安心，接受既有政体安排，你当你的官，我过我的小日子，而合作共谋出此刻这一社会治安格局。换言之，不是这个梦那个梦，而是发展经济社会，专注于国家建设，别搞运动，安宁生计，凡此底线原则，筑就了展示并通达国家道义愿景的起点，也是百姓接受统治的前提。

第二，有限尊重私有产权，容忍国民财富追求。从废除私有制，声言私产为万恶之源，到有限保护私有产权，容忍亿万人民对于财富增长的追求，并且诉诸立宪，所谓"私产入宪"，释放了发家致富的普遍人欲，给予追求美好生活的人性志向以正面政治迎应。在此情形下，不仅国家经济实力空前增长，并以此支撑了科教文卫与国防武备，特别是庞大的党政费用，而且，一般国民亦多获益，生活水准多所提升。此为中国经济快速成长的法制缘由，同时说明了既有政制合法性之获得全民容忍的经济原因。毕竟，动什么，别动大家的钱袋子，是硬道理。其实，此为一切正常人类社会的通则，近世产权理念与人性观念为此特加张本，"改革开放"以"拨乱反正"皈依普世大道，实为知错能改善莫大焉。

第三，有限容忍市民生活自由。几十年里，公民社会不见成长，稍有冒头即遭整治，严重阻滞了国民政治心智发育与公民人格养成。政治社会更是不见踪影，导致中华国族的政治成熟捉襟见肘。但是，伦理社会基本恢复，经济社会与市民社会确乎多所发育。市民自由而非公民自由，尤在市场经济较为发达省份，早成生活事实。所谓市民生活及其市民自由，指的是私性领域的有限生活权利，着重于吃喝拉撒卿卿我我，特别是对于自家生活方式无涉政治的自我支配，至少是发型服饰无需看官家脸色行事。大家搓澡搓脚，旅游宴飨婚外恋，小资麻麻，这世道才有烟火气。较诸毛氏极权政治下千篇一律的铁桶生活，连裤裆都管得死死的，此刻国民暂弃公民身份追求，而满足于市民幸福，回归普通人的日常本色，既无可厚非，更是大家之能容忍刻下政体的原因所在。就此而言，警力以抓嫖为柄，实施定向人身控制，造成普遍不安全感，虽于一案一事得计，可丧失的却是普遍的市民预期，反而得不偿失。至于北京市以整治市容为据，而将好端端便民商铺酒肆一律封拆，彰显的是"光荣政治"对于市民社会的为所欲为，一种权力的美学恶趣。——就是香港、伦敦与巴黎，超大规模国际大都会，不还都容忍并规划街市交易嘛。至于市场经济之下，笑贫不笑娼与娱/愚乐至死，忸怩作态、无德无识无耻却大富大贵，亦为普通众生的市民生存，遵循的是商品逻辑，讲述了一个不得不为了市民常态生聚而付出文明腐朽代价的现代喜剧与后现代闹剧。

第四，实行政治任期制。三十多年里，究其实质，虽说社会多元与政治容忍度明显增长，但整个政治体制未见任何具有实质进步意义的变革，骨子里依旧是那一套陈腐而残忍的敌我斗争与专政理念，外加上"吃江山"的贪婪丑态。但因立宪规定了包括国家主席和国务总理在内的政治任期制，以及"人权入宪"，并经 2003 年以还的十年任期后实现党内和平禅让，终于兑现了最多连任两届、最长十年这一宪法规定，纸上的宪法规定至此似乎积习而为"宪法惯例"，好像立法与实践均双双尘埃落地，这便总算给予国民以一定政治安全感，也令国际社会觉得中国正在步入现代政治。不妨说，三十多年里嚷嚷政体改革而政体岿然不动，这是唯一一看得见摸得着也拿得出手的政治改革成果。在大家看来，不管你如何，不过就是十年的事。诸位，百姓无辜，小民蝼蚁，平时面朝黄土背朝天，分散如沙，为养家糊口而劳生息死，根本无力抵抗任何组织化强权。此刻终于好歹有此"十年任期"，似乎感觉也还算是对于随时可能爆发的政治任性的一招制约，这便随遇而安地打理自家柴米油盐也。

综上所述，总体来看，以治安为导向的社会控制，在提供治安这一基本公共产品层面，依然有效，但发展至"维稳"体制，局部地区甚至是一种准戒严状态，则尾大不掉，靡费非常，说明体制潜力已然用尽，有待升级换代。特别是此次中美贸易战争，将国力的虚弱与制度软肋暴露无遗，更加强化了不安全感。此前高峰申言，"执政合法性不是一劳永逸的"，对此危机似乎还有所警醒，而近年来对此严重缺乏敏感，却自信膨胀，类如"扶贫运动"和这波正在进行的"打黑运动"这种准运动式政经操作方式再度登场，令国家愿景的确定性再度打折。另一方面，对于私有产权的有限保护与一般国民发家致富欲望的有限满足，不仅促进了经济增长，而且提升了亿万国民的生活水准，但却终于遭遇所谓"国进民退"与实际生活中屡屡发生的公权力肆意剥夺私有产权恶性案件的证伪，倒逼出"私权神圣"这一国民诉求，而背后的逻辑不过是"权力不能私有，财产不能公有"这一公民认知。本来，"分清公私"方能"提供和平"，二者均为古今政治的基本内涵，今日于此必得过关而后安。而最为世诟病并令人胆战心惊的，便是修宪取消政治任期制，等于一笔勾销了三十多年的改革开放，一巴掌直要把中国打回那个令人恐惧的毛时代，伴随着甚嚣尘上而又可笑之至的领袖个人崇拜，这才引发出下列全面恐慌。

二、八种担忧

在此，总括而言，大家的担忧与恐慌，主要集中在下列八个方面。

第一，产权恐惧。几十年里积攒的财富，不管多少，能否保有？既有的生活方式能否持续？法定的产权关系还能获得立法所宣谕的保障吗？会不会因为得罪了哪位实权人物（包括街道书记、村委会主任）就企业破产、家破人亡？凡此种种，最近几年间，反倒随着时间推移，而愈发缺乏确定性，遂上上下下恐慌不已。它首先冲击的是在改革开放大潮中已然掘金成功人士，而以大规模富人移民现象作为应对之道。一般中产阶级中下层，温饱有余，但却同样为生老病死进程中随时可能降临的任何意外而担惊受怕，尤其害怕通胀通缩钱不值钱。当然，富人移民的原因复杂，既有追求更高生活品质的，也不乏洗钱赶紧溜的，更有权贵携款逍遥法外的，但普遍缺乏产权安全感则为通例。官商一体权贵的巧取豪夺是"改革开放"的最大赢家，也是富人移民的主体。官方信息披露有限，民间传说嘈嘈切切，加上官媒时不时演奏个"共产党的终极理想就是消灭私有制"之过门，伴随着"打土豪分田地"式民粹叫嚣，更且加剧了此种不安全感。恐慌之际，高峰居然集体学习《共产党宣言》，一份曾令世界不得安生的两位年青天才的轻狂之作，其予全体国民的负面心理震撼，也只有在此语境下，才能获得真切解释。

第二，再次凸显政治挂帅，抛弃以经济建设为中心这一基本国策。几年来，意识形态火药味愈来愈浓，以争夺话语权为标识，而实则依仗公权力施行意识形态迫害的阵势，已然导致知识界的普遍恐慌。置此情形下，自我审查，层层加码，导致出版业遭受重挫，舆论界钳口日甚，中国与外部世界勾连之阻力加剧。甚至出现了鼓励小朋友举报告发父母这类官方宣传品，违忤基本伦理，既反传统又违现代，活脱脱一副极权政治嘴脸，令人不得不想起曾经的野蛮"文革"岁月，实在匪夷所思。影响所及，大学教师连连因言获罪，因为担忧党政宣传口子找麻烦与课堂上学生特务告密，而战战兢兢。更为严重的是，地方官僚基于政治担忧普遍不作为，而中国经济的成长实在有赖于地方官员基于政绩观而认真干活的发展观。那边厢，"重庆模式"那帮余孽与高校中曾经的"三种人"联袂一体，今日摇身一变，滚雪球，构成"新极左"，喊打喊杀。

本来，一般国民对于"政治运动"之苦记忆犹新，新生代汲汲于市民生活，已然习惯于常态经济社会与市民生活，对于人为的"政治挂帅"与毫无逻辑的极权泛政治化倾向，了无兴趣，也不关心，硬逼他们，只能徒增反感。实际上，几十年来，上下一心，这个政治体制还能获得国民容忍，就在于国家以经济建设为中心，全心全意谋发展，不再天天运动式"讲政治"，停止或者减少干涉私人生活，更不会上演什么"宁要社会主义草，不要资本主义苗"这类荒唐闹剧。终究而言，"以经济建设为中心"发展到一定阶段，必需转向以宪政建设为中心，而于政经两面次第推进现代国族建设，为现代中国接生。但就目下而言，最低限度却依然应该是固守前者，再谋他图，岂能背道而驰。

第三，又搞阶级斗争。前几年官媒与官方意识形态主管官员屡提阶级斗争，早已让大家一阵恐慌。这几年的施政方向，令人再度怀疑会否重搞斯大林—毛韶山氏阶级斗争那一套。犹有甚者，随着反腐之第次展开，特别是新建国家监察委及其权力之无限扩大，将全体公教人员悉数划入，连普通医生、护士与教师都"全覆盖"，不仅未能提升大家基于法制的安全感，相反，却不禁令人联想到克格勃式辖制以及残酷的党内斗争的可能性，而再度引发重回过往阶级斗争岁月的阵阵恐慌。因而，对于"斗，斗，斗"这一恐怖政治模式的国民记忆，及其是否重回华夏大地的普遍担忧，使得政治疏离感日增，和合与祥和气氛日减。本来，"私产入宪"与"人权入宪"，伴随着两任到顶这一党内禅让制的施行，有望朝向一个常态国家渐行渐近，意味着不再需要动用"斗"字诀，可这几年的做法却仿佛与此背道而驰，大家自然心惊胆颤。

第四，再度关门锁国，与以美国为代表的西方世界闹僵，却与朝鲜这类恶政打得火热。中国的经济成长与社会进步，是中国文明的自我进步，循沿的是超逾一个半世纪的文明大转型固有逻辑，也是现代世界体系在中国落地后之发育成长，并非外力所能主导。但在具体操作层面，却是在重启"改革开放"而与西方世界关系改善之后，以进步主义为导向，以"与世界接轨"为目标，而搭乘上全球化市场经济快车实现的。没有"开放倒逼改革"，就没有今天的中国经济、社会和文化。而与朝鲜、委内瑞拉这类失败国家、极权国家打得火热，违背民意，忤逆历史潮流，实在不智。虽说民间调侃，鉴于中国大量官、商的子女玉帛均寄存于彼方山水，故而不用担心两国交恶，但明暗之间一闪失，倒霉的是这个据说全民所有的国族，而必然落在"贫贱不能移"的每个具体百姓人头，摇撼的是他们的口粮与衣衫。在此，究其缘由，就在于以政党理性代替国家理性，而以扭曲的国家理性压制公民理性，不思进取，一意孤行，早已落后于时代思潮，所以然哉，有以然哉。

第五，对外援助过量，导致国民勒紧裤腰带。据说中国已成世界最大外援国，动不动"大手笔"划拉几十亿几百亿。此就一个发展中人口大国而言，不少地方还处在前现代，实在是不自量力。究其根源，扩张性"光荣政治"逻辑作祟，蔚为主因，而公子哥心态与做派亦且难辞其咎。现有的国家财富，包括那三万亿外储在内，是四十年里几代人血汗累积的，更是远自洋务运动以还数代中国人奋斗的善果，怎能随便乱花。长期高速的经济增长终有结束之时，则如此慷慨，类如当年无原则"支援亚非拉"，导致亿万国民勒紧裤腰带过日子，甚至于饿殍遍野，在在不能重演。此次中美贸易战爆发后官媒以"共克时艰"号令，倪论什么"先天下之忧而忧，后天下之乐而乐"，立刻遭遇百姓无情嘲讽，"去你妈的，都哪儿对哪儿呀"，正说明人心所向，早已非当年那般忽悠得了的了。

第六，知识分子政策左转与施行思想改造。虽然早就说知识分子是劳动人民的一部分，但一有风吹草动就拿他们当外人，甚至当敌人，已成国朝政治的最佳晴雨表，也是政制底色的政治表达。教育部一再声言要加强对教师的思想教育，网传必须重点防范海归教师，以及高校中的极少数文革遗左纷纷如打鸡血般跳将出来喊打喊杀等等，都令人担忧所谓的知识分子改造政策再度降临，特别是伴随着政策左转而再次施行思想改造运动，乃至于不排除更为严重的态势。"妄议"大棒挥舞，人人噤若寒蝉，还有什么言论自由可言。而无自由思想与独立精神，则探索未知、学术精进与思想创发云乎哉。本来，历经这四十年的积累奋斗，再好好干一、两代人，中华文明有望迎来一个思想学术的全盛高峰。但是，假若此种钳口政策再延续下去，甚至日益趋紧，则此种可能性无望变成现实性，中华国族终究只是精神侏儒与文明小国。

第七，陷入重度军备竞赛与爆发战争，包括新冷战。短短十年间，整个东亚其实已然陷入军备竞赛，但所幸爆发战争的概率依旧尚处可控层面。问题是，不能由此打断中国的常规发展，就此摧折了尚未最后水落石出的伟大现代转型。两年来，在"阻止中国陷入全面内战"与"保卫改革开放"两文中，笔者都曾指认中国逐渐于"维稳体制"之上又叠加了"战备体制"，就在于提示其危险性，防范其负面影响。此刻随着内政紧绷与外贸纠纷日甚，经济下滑可能性加剧，则其进程不可控因素增多，防范其不至被迫走向战争状态，不管是热战还是冷战，绝非杞人忧天。坊间舆议提醒中美贸易争端不应再引向意识形态之争，更不要进行政治模式之争，亦为同此忧虑而发，还算靠谱。

第八，改革开放终止与极权政治全面回归。虽说"改革"一词已然多少污名化，毕竟，恶政亦且假尔之名而行之，但在当下中国语境下，置身大转型尚未完成、有待临门一脚的现状，较诸爆炸性革命与极左式的倒退，改革依旧是最为稳妥的路径。改革空转，抑或不进则退，早已非只近几年的事了，实已延绵一届任期。照此趋势以往，"改革开放"会否就此终止，极权回归，亦未可知。此时此刻，全体国民之最大担忧，莫此为甚。说是极权回归，就在于胡温任期，仿佛出现极权向威权过渡趋势，故而称为"后极权时代全能型威权政制"。但这两年反其道而行之，这才引发"极权政治全面回归"的恐慌。中国近代史上，1894 年的甲午战争与 1937 年抗战爆发，两度打断中国的现代进程，致使追求日常政治的努力付诸东流，中国的现代事业因而被迫延宕。今日这一波延绵将近两个世纪的大转型已到收尾时段，有待临门一脚，切切不能再因战祸而中断。倘若中断，下次历史机遇何时再来，恐伊于胡底矣。

三、八项期待

当此之际，针对上述担忧与恐慌，从内政着眼，无涉经贸（包括大幅度减税），也不上纲上线到民主法治层面，仅就下列八项而言，具体而有形，允为时务。

第一，杜绝援外撒钱"大手笔"。非必要的无谓援外大撒币，砸钱，最令一般民众反感寒心。中国尚处发展爬坡时段，无论基础设施还是民生福利，均难题如山，任重道远。且不说养老、就业与教育，但就乡村凋敝而言，就压力山大，而需公权力多所措意。否则，半个中国仍处前现代，等于现代中国只是个半拉子工程，谈何文明复兴。近日中阿论坛期间宣布拨银两百亿美金，设立所谓阿拉伯国家"重建专项计划"，并且"探讨实施总额为 10 亿元人民币的项目，支持有关国家维稳能力建设"。可我们知道，海湾国家个个富得流油，何需尚有上亿未曾脱贫国民的中国在此充当冤大头，让人不禁感慨有司心肠何在，还把自家国民当人待吗？——纵便此间涉及"战略布局"，但难免搅入既有大国博弈，而导致战线过长，亦嫌稍早。而且，凡此支出，完全无视既有预决算体制，将最高国家权力机关的国库司库宪法职权撇在一旁，在实质性瘫痪既有官僚科层建制化之际，等于公然向宪制与法制开战。

第二，杜绝主场外交中的铺张浪费。开个平常的会，就使劲折腾，不计成本，劳民伤财，其实既无里子也无面子。此为"光荣政治"，而非"实利政治"，更非"实力政治"，亦非什么"中国人民自古以来具有热情好客的优良传统"，非徒谋虚荣者不为。照此思路，联合国所在地的纽约峨冠博带，岂非天天戒严不可；全球性组织最多的日内瓦和巴黎，衣香鬓影，还不夜夜都要放烟火。就国家自助体而言，概需以实力立世，而旨在谋取实利，同时不废道义心肠。两项既存，三者并立，沾溉国民，荣光不求自来。无此维度，汲汲于光荣政治那一套，当事者出头露面好像挺风光，而不恤民力，做冤大头，实则招人鄙夷，也会激发民愤。连举世嫌弃的隔壁独夫胖墩来，居然大阵仗迎送，那文图俱在、传闻中酒席宴上 128 万元一瓶的矮嘴茅台，说实在的，一下子令亿万国民离心离德。——还中国梦呢，做梦吧！

第三，取消退休高干的权贵特权。国朝体制，高干生养病死全赖国库，而享受超国民待遇。原有生活待遇、医疗标准与度假休养诸项，耗费巨量民脂民膏，大家耳闻目睹，而至今不敢公布，正说明见不得人。此种体制，承继的是朱姓子民、八旗子弟的奉养传统，既违忤曾经自诩之革命精神，更不符现代公民立国原则。若说什么"封建残余"，此为典型。国民痛恨不已，可毫无办法，遂成制度招恨之一大毒瘤。这边厢普通人民住院难，那边厢高干病房巍哉峨兮，隔离于一般病区，让多少百姓看在眼里恨在心里，而每一丝仇恨都可能在某个时刻于心田中成长为惊天雷暴。

第四，取消特供制度。七十多年里，其实早从延安时期就已开始，无论是在国民饥寒交迫的年代里，还是此刻亿万百姓为婴儿奶品、疫苗、日常食品安全而提心吊胆之际，特供制度供养着这个号称人民政权的高层权贵，提供着一般人做梦都不敢想象的诸种特权，除开几个极权政体之外，举世找不出第二家，可谓豪奢之至，而无耻之尤。社会恒有差等，贤愚贫富实为自然，但那是结果，而非抹煞起点平等的公民理想，更非公然利用国库供养少数权贵。此制一日不除，"第 34号"依旧，中国食品安全就一日没有保障，两方同样无任何真正的安全可言。

第五，实施官员财产阳光法案。有关于此，民间早已呼吁多年，居然毫无动静，说明其间猫腻最大，最见不得人。现有官员升迁程序中对于子女玉帛的说明，只限内部掌握，存见于干部档案，而一般国民无从知晓，遂使一切迷雾重重。而无论人力物力，还是技术手段，早已成熟，正为施行此制，并经由全国联网，用十四亿双眼睛施行有效监督，铺垫好一切基础。反腐而腐败不止，就在于搞成了内部的事，而非基于政治公开原则的法制作业，缺的就是阳光法案这一环。你们若非心虚，那就施行此制，让一切大白于天下吧！你们要是正心诚意，那就加入大多数国家均在其中的《艾格蒙国际反洗钱组织》吧！何必云山雾罩，将亿万国民当二百五。

第六，"个人崇拜"亟需赶紧刹车。改革开放四十年，没想到神州大地再度兴起领袖个人崇拜。党媒造神无以复加，俨然一副前现代极权国家的景象。而领袖像重现神州，高高挂起，仿佛神灵，平添诡异。再者，官员讲话，本为秘书手笔，不过等因奉此，居然汇编刊行，精装亮相，全球免费赠送，徒耗纸张，令人喷饭。此间不仅需要反思为何当事人如此弱智而好名，更需要检讨为何曾经遭遇此种戕害的偌大国家，包括她的芸芸"理论家""研究者"，居然对此毫无抵抗力，却不乏吮痈舐痔之徒。而亿万人犹如虚无，竟然容忍其大行其道，奈何不了那几个马屁精大员，正说明所谓启蒙是一个未竟事业，需要每一代人在公共事务上公开运用自己的理性，方能如履如临而砥砺前行。而且，它更加说明中国尚未完全进入现代世俗理性的常态国家境界，而有待接续奋斗矣。

第七，恢复国家主席任期制。年初修宪，取消政治任期，令世界舆论哗然，让国人胆战心惊，顿生"改革四十年，一觉回从前"的忧虑。此间作业，等于凭空制造一个"超级元首"，无所制衡，令人不禁浮想联翩而顿生恐惧。因此，今明两年的适当时机，如秋季召开人大特别会议或者明年三月全国人大例会，通过再度修宪，恢复国家主席任期制，以保卫改革开放、防范重回文革极权政治。《宪法》既立，无论是何种质量的宪法，本不宜改来改去，无奈这是大转型时段过渡政体下的一部临时宪法，只好频繁修订。但愿转型落地之前，这是最后一次修宪。

第八，平反"六四"。今明两年，适值"改开"四十周年、"五四"百年与"六四"三十周年，一连串所谓敏感节点纷沓。而中美贸易战的后果，亦将延时第次显现，增加了所谓的不确定性。在此，既有的"维稳"思路是"以治安对付政治"，叠加上"用政制钳制政治"，而非"以政治迎应政治"这一常态政治之道。当年给"四五"平反，从此每年四月五号不再成为敏感节点，就在于"以政治迎应政治"，兵来将挡水来土掩，结果各得其所，皆大欢喜。因此，值此迎来"六四"爆发三十周年之际，当局于今明两年适当时刻公开为其平反，不仅表明"以政治迎应政治"的诚意与智慧，而且，从此每年六月四号无需再如临大敌，为全体公民政治上的和平共处扫清障碍，既裨益于民心舒畅，更有助于收拾政治合法性。

以上诸项，均为现代政治的一般常识，也是刻下国人的普遍诉求。此番"冒着杀头的危险说出人所共知的道理"，就在于举世滔滔，若无此说法，就无此立法，从而吾侪百姓没个活法，其奈也何，呜呼哀哉！

四、过渡时段

两年多来的世界体系进入政治调整小周期，无需惊恐，远未到分晓时分，更须也唯有稳健推行内政改革，健全国族身心，方能应对过关，维持包括中国在内的这艘世界大船持续扬帆于和平与发展的常态政治航道。冲突与战争是人类这个残忍物种的常态，但是身处历史机遇关头而推延或者避免其发生，则为政治的天命所在，更是对于肉食者政治智慧与德性的大考，而人类恰恰就是政治的动物，政治为世间最高智慧。就刻下情形而言，纵便事态已如今日，也还未能根本偏转"和平与发展"这一大势。而这就是历史机遇，就是所谓的"机遇期"，唯智者方能攫获，而不至于东怼西怼，将一手好牌打成烂牌也。

至于太平洋沿岸东西两大国均不期然间先后步入"老红卫兵执政"状态，是而且不过是一种短暂的过渡现象，实为每临历史危机关头就会出现的那种一再上演的乱象之再现而已。就此岸言，其毫无历史感与现代政治意识，更无基于普世文明自觉的道义担当，昧于时势大道，却又深濡文革政治烙印，虚骄之下，允为干才而用力过猛却用错了方向，致使弄权有术，当官有方，而治国无道，岂止折腾，直是倒行逆施。就彼岸看，实为一群依旧生活在列强时代与冷战政治中的老不死幽灵登台，虽不乏对于当今世界政治图景与文明变局的现实判断，却同样缺乏历史感，短视而贪婪，根本开出了误诊处方，反将早年裙带资本权贵的重商主义国策与基于唯我独尊、掠夺成性的帝国主义式傲慢偏见与粗鄙蛮横，赤裸裸的讹诈，尽兴抖露无遗，展示了一个文明衰败的疲惫帝国狗急跳墙式的晚期症状。而自大爱国狂适成祸国害人精，所谓爱国贼，中外古今，史不鲜见。同时，它还说明，如同"坏人变老了"一般，人人都是自己早年教育体系的产物，此后无所用心，了无自省，便难以挣脱羁绊，从此永远停驻在那个时段心智的截面。以旧知识应对新事物，却又自信爆棚，遂刚愎自用。其理念，其政策，如托克维尔所言，不过是"发霉的旧货"。

　　此时此刻，就中文世界的一般舆议心态与脉络来看，基于公民理性的政治自觉已然充沛发育，更不缺昂扬正大的道义立场，但少见基于国家理性意识的文明自觉，特别是未能梳理清楚适用于"国家间政治"的国家理性与适用于"国家政治"的公民理性之二元分际，而混战一团，指东打西，甚至崇拜起彼岸老红卫兵来，将自己降格到铁锈州红脖子们的水准，套用一句名人名言，可谓"土样土尿泡"。同时，也是政体感召不足，导致认同缺失或者疲弱，而使国民身份与公民认同两相悖逆之怪象。毕竟，"大清"与"中华"，虽纠结缠绕，还就真的不是一回事。你们"坐江山""吃江山"，江山有事了，就让大家"共克时艰"来"保江山"，这不扯淡吗！有舆议感慨，一些人说话办事，仿佛自己不是中国人，而处处倒为对方设计着想，实在是怪而不怪，正为向心力凝聚力这一软实力不足国族常见的景象矣。再者，撇开究竟何为"中国人"等等认知争议，置此情形下，可得申言者，两边各说各话，越是昂扬正大，越可能将话谈死，而无转圜余地。凡此再度说明，国族的政治成熟必以其知识精英的心智作育为先导，而心智作育要在精神自由，众口喧哗却又紧扣人生与人心的普世心思，摒拒任何定于一尊的愚妄与傲慢，要求当局不要再钳口日甚，而把言论自由还给读书人。——毕竟，"子产不毁乡校"。从而，在几代人的接续用功磨砺中，涵养保育中华文明思想母机，护卫其功用，强化其势能，这才有望清醒观势，冷静应事，而清明用世矣。

目前来看，当局一再重申绝不会因为贸易战而改变"改革开放"的基本国策，也不会动摇在开放交往中发展经济的既有路线，并决心协力捍卫多边体制。与此表态相呼应，并有相应开放措施出台，仿佛尚有定力。其于证明"开放倒逼改革"这一中国式发展路径依赖的同时，却又似乎未见任何实质性内政改革，雷声大雨点小，则不免令人失望，而对其诚意和实效，采取游移观望态度。故而，上述八项，允为时务，先做起来再说。

都说你能干肯干，这八项你只要干一件，我们就欢喜。你要是干三、四件，我们就心服口服。你要是全干了，则普天同庆。

年初高官曾经宣示今年还要陆续放大招，以回应"改革开放"四十周年，此刻时间过半，宁信其有，且翘首以待矣。

最后，顺说一句，陕西省梁家河村四五十户人家，常驻百十来口，居然在上海设立联络处和农副产品展示馆，一望可知非淳朴乡民所能为，毋宁，官商勾结的媚上双簧，于各怀襟抱中各逞其图。还有，最高检开设"12309检察服务中心"，层峰邀约与此八竿子打不到一块儿的梁家河村支书共同揭牌，同属太监姿态，希图借此创造勾兑机会，拍马屁不要脸。至于陕西省社科联的招标项目"梁家河大学问"，以及近年来各类所谓社科项目之造神运动与领袖崇拜，反现代，逆潮流，匪夷所思，恬不知耻，丢人现眼，更不论矣！凡此种种，太作了，太过分了，而过犹不及，只会把我们带回那个人人戁觫苟存的酷烈人世也！

话说完了，生死由命，而兴亡在天矣。

2018年7月于北京—东京旅次

第四章 低头致意，天地无边

谨以此文纪念 1978 年开启的"改革开放"

目 录

【内容提要：第三波"改革开放"起自 1978 年 12 月"三中全会"，下迄 2013 年中共"十八届三中全会"。其间辗转，实以"向后倒退向前进"的方式，亦即四个维度上的"低头致意"，顺应这一转型大势，而致力于推进经济发展、社会进步和有限政治开放，为这个叫做"现代中国"的庞大实体接生。而现代中国，必须也只有奠立于富强基础之上，拥抱民主政体，修炼文明涵养，提澌人生境界，才能修成正果，亿万国民也才方始可能挺直腰杆，真正昂首做人！】

1980 年代以还，中国重启大转型进程，历三十五年而未止，实为整个近代中国已然超逾一个半世纪文明大转型的有机组成部分。换言之，此番大转型，作为近代中国文明大转型的第三波，在"抗战"爆发导致常态转型进程中断四十年之后，终与前此两波大转型接榫，而前赴后继，连缀构成了"现代中国"第次成长的完整历史。其之起伏跌宕，惨烈异常，而风华无际，以"改革开放"笼统，真切得很，得体得很，要命得很。也就因此，所谓"改革开放"是并且只是在这一意义上措辞，并非等同于一般的行政调整与吏治整饬，更非"部委行业重组"一类操作层面。具体而言，如前所述，"第三波改革开放"起自 1978 年 12 月"三中全会"，下迄 2013 年中共"十八届三中全会"。其间辗转，考其心态，审其章法，实以"向后倒退向前进"的方式，顺应这一转型大势，而致力于推进经济发展、社会进步和有限政治开放，为这个叫做"现代中国"的庞大实体接生。从而，终究而言，意在改天换地，而势必撼天动地，未几席天幕地，终究感天动地。

看官，说是"向后倒退向前进"，就在于其间的经纬铺展和纲目排列，无他，实在不过就是在四个维度上"低头致意"而已。下面对此逐一分梳，重在最后引导出"择善而从，昂首做人"这一主题。

一、近代中国的主流历史意识和政治意志

首先，向近代中国的主流历史意识和政治意志低头致意。从 1860 年代初期启动洋务自新运动以还，超逾一个半世纪里，近代中国的主流历史意识和政治意志，也就是人民公意与民族愿景，经磨历劫，渐

次显豁，最终提炼定型。它们不是别的，就是追求"富强、民主与文明"，而全部"中国问题"最终不过就是"以文明立国，以自由立国"，以此为一切政经活动与文化事业之鹄的。通常所谓政体变革、国家建构、经济社会开发与文教铺陈，改革与变法，战争与革命，悉数围绕着这一轴心打转。为此，在"文明开化"这一总体框架下，标举"自由与平等"，将"法制人权"和"宽容开放"等价值，慢慢收纳入怀，力争落地生根，而于移植西洋文明中启发华夏生机，缔造现代中国及其现代文明。此为中国近代历史的主旋律，现代中国文明的最高理性，亿万同胞人心所向，大势所趋，虽历经跌宕，而流离必于是，颠沛必于是。考其进程，虽屡遭打断，时见偏差，极权政制更且百般阻挠，而内里脉络连绵不辍，并在历经战争与运动冲击后，终究于晚近三十多年里汇集一堂，蔚为主流，愈见其茁，而终成全民共识。

实际上，纵观一个半世纪的中国近代历史，可以看出，但凡违迕这一主旋律，昧于这一历史意识，背离这一政治意志，则为逆历史潮流而动，而终究为中国现代成长进程所抛弃，在激烈对垒后雨打风吹去。晚清皇族内阁拒延深化改革，玩完了；袁大头悍然称帝，立马玩完；国民党一党独大，也玩完了；"文革"式极权暴政，同样玩完了。因而，晚近三十五年里，所谓"拨乱反正"，扭转"文革"式极权，正不外醒悟到这一历史意识，回归于这一主流政治意志，而于建设现代中国的日迈月征中，向着这波大转型的最终目标而日就月将。从此迈步，磕磕碰碰，屡仆屡起，康庄大道也。否则，势必天怒人怨，而"吾与汝偕亡矣！"

故尔，从1980年代以还之发展经济、追求富强、修复社会与重建伦理，到此刻的政治参与意识高涨，而呼唤政体改革，万众渴望民主落地，以及在可见未来政体变革终究势必逐步提上议事日程，而以"立宪民主、人民共和"来最后收束，道出的是"现代中国"的成长必须解决国家建构和政治立国升级换代这一时代课题，终亦必以开辟新局为终局。此时此刻，新局未开，则终局姗姗来迟，正面临着非先破局而后迈步开局不可的当口。当此之际，几年来，层峰不进则退，居然诉诸文革式理念与治理方式，汲汲于所谓"家业"永固，可谓昧于时势，愚不可及，而终究难以为继。同时，三十多年里，随着国民生活水准递次提升，行止出处渐求雅驯温文，伦理社会渐次恢复和公民友爱滋长发扬，展现了华夏民族追求文明仁爱的心理脉动，说明其非强势党国文化所能全然阉割得了的。凡此诸端，三十五年里，分头合击，万流归宗，演绎展示着近代中国的主流历史意识和强毅政治意志。

换言之，此间出现而延绵至今的十九世纪日耳曼—斯拉夫式意识形态及其变种，也就是前文提及的邪恶的"法日斯主义"，仅为暂时现象，进而，奠立于此的政制及其宪法，是并且只能是"过渡政体下的临时宪法"。其之消长，亦必以是否顺应近代中国的主流历史意识和政治意志为取舍从违的准绳。眼光囿于短程，便只见其蛮力巨大，一手遮天，更且引得胜王败寇的愚欢；放眼大历史，则明了其恶贯满盈，早已人人憎恶，实为强弩之末。从而，其之明显违连此间历史意识，而背逆此种政治意志，遂愈发显豁，亟需于抛弃裁汰之际，最终拥抱普世价值，建立迄今为止世界文明所能开示的最佳政体。此亦无他，就是如笔者所一再申说者，现代中国的成长，需于建设"民族国家—文明立国"这一维度和层次之上，更新换代，再上层楼，引入"民主国家—自由立国"这一现代国族 2.0 版本，藉此奠立华夏文明"立宪民主，人民共和"的政治大厦，而完成秦汉大转型以还中国历史上最为宏大的这一波文明大转型。

朋友，历史脉动强劲，政治进程不可阻遏，则近代中国的主流历史意识与政治意志，舍此其谁欤？！

进而言之，此一面向历史意识与政治意志之低头致意，某种程度上，也就是在向全体国民，所谓亿万人民服软，被迫向千门万户的柴米油盐、婚丧嫁娶这一生存事实让步，故尔才有"改革开放"后生民稍得喘息、民生渐次复兴的欣欣景象。而此刻大家忧心忡忡，就在于担忧照此以往，可能伴随着"短缺经济"与"票证时代"再度回复的，是毛氏极权政治重临华夏，则民不聊生，甚而生民涂炭矣。就此而言，考其内里，不妨说凡此表明基于华夏文明正宗的历史理性战胜了云山雾罩的政治谵妄，屡遭压抑的新型公民理想初步获得了反抗党国意志一统独大局面的柔弱能力。它们弱如星火，遍布神州，有待旺炽，最终烧毁这共产极权牢宅。因而，今后的历史进程与政治努力，当在此低头致意之后，紧接着一个直接赋予国民选票、面向亿万国民真正低头致意的政治进程，而这也就是"公意时刻"降临，现代立宪民主政治沧桑落地，华夏邦国终成现代国族而走向政治成熟之日。吾所唤矣，而万民待矣，祖国馨香祷矣！

二、中国文化传统与文明典范

其次，向中国文化传统与文明典范低头致意。三十多年的"改革开放"，在古今维度，一言以蔽之，就在于逐步抛弃以"十九世纪的日耳曼—斯拉夫式意识形态"取替"中国文化传统—文明典范"的企图，回归中国文明及其典范正宗。此间基本背景在于，近代中国尝试过种种主义，实验过不少思想，西洋东洋皆有，古代现代齐至。其间，冥行擿埴，祸福相倚，一旦选择错误，则祸莫大焉。举其显例，则上述十九世纪日耳曼—斯拉夫苏俄式意识形态及其政制，不幸降临吾土，其刻薄寡恩，暴戾恣睢，祸害深巨，最为昭著。某种意义上，语嫌夸饰，不妨说此为华夏文明历经蒙元入侵、满清入主中原后的第三度蛮族入侵，而了犹未了。它们作为"中国问题"的误诊处方，危害深广，致使人头滚滚，血流成河，实为中国近代历史中最为重大惨痛的负面事件。故尔，经此折腾后，今日中国，依旧是主义的万花筒，举凡文化民族主义和市场自由主义，温文社群学说与大同共和理想，都有市场，都有活力，也都有一定的道理。但是，其之尽力粘连古今，悉心贯通中西的用意，也愈见明显，就在于历经百多年激烈反传统思潮震荡之后，经过批判梳理后的文化传统及其文明典范的基础意义与现代价值，已然重获认同，有待持续慎思明辨而勃然发力也。

揆诸近代历史，不少拥有悠久历史与厚重文明的后发国家，也包括法国这一秉持狂飙突进方式挺进现代的先发国族，时当现代突破初期，求存求荣，都曾经历过激烈反传统主义。风云震荡之后，痛定思痛，多半会出现向文化传统的再认同现象。就其优质层面来看，此非简单复古。毋宁，其为创造性转化后的历史自觉与文明自觉，一种对于枢纽文明甚至前枢纽文明根基的致敬，至为显明。职是之故，不难理解，迄而至今，几番挑拣，为何吾国官民一体，向孔孟正义多所回归，而且，其势汹涌，原是物极必反，有以然哉。这不，包括清明、端午成为法定假日，倡议立法规定孔诞为教师节，以及执政党第一把手礼拜孔庙，再三致意，凡此种种，在在意味深长也！毕竟，仁爱、理智和信义，民胞物与的人道精神、天人合一的圆融智慧、王道政治的道德张力、诗礼文教的文明范式，以及知行合一的实践理性、士志于道的君子人格，本就是普世理念，也是华夏民族作息生聚的文明典范，恰与独立思想、自由精神与民主法治、人权宽容的现代价值若合符契，岂是"法日斯主义"的秦制苛法与阶级斗争、专政偏锋这一脉所能轻易取代者也。而明明施行并依旧施行"法日斯主义"的极权政制居然不得不做足低头致意之状，正说明人间正道不可违逆。在此，虽说一面低头致意，一面却自我提醒绝不能容忍"以儒代马"，而培植御用孔学，及其官方编史机构，所谓抢夺"历史话语制高点"，实际上自反面证明了人间正道之道义标本的超越意义。因而，向中国文化传统与文明典范低头致意的历史意识和政治意识之觉醒，不仅表明吾族吾邦的文化意识和政治意志挣扎重回中国文明主脉之势，反视回照，即温即厉，而且，期期于作育更张，更上层楼，本就是对于"法日斯主义"的文明抗战。曾几何时，"中国文化传统"蔚为贬义，备受摧残，却转而复兴有像，证明那个十九世纪的日耳曼—斯拉夫意识形态早已破产矣！就此而言，原教旨毛左申言必须防范"以儒代马"，确也触及了时事痛点，噫嘻。

不过，话说回头，当此之际，泥沙俱下，必须严予分辨。文化传统是活的，而传统文化可能是死的，或者，不少皆为糟粕。所当致意而转化的是文化传统，而非化石般的传统遗存。既为化石，就已无法转化，只具博物馆意义，因而，所当致力体悟传承而发扬光大者，毋宁，乃文化传统与文明典范也。进而言之，且不说所谓"中国文化传统"非止儒学一脉，其文明典范更非儒义所能垄断，即就当下世道人心而言，任何一种学说思想，特别是类如新儒学这类希冀有所作为的庞大思想体系，乃至于一切醉心于也似乎必须致力于修齐治平的意识形态，倘欲真切有所作为，都至少不得不面对下述四项重大考验，而检验其德性，表明其成色，落定其功效。

第一，无法回避对于权力的态度，而必得在道势两端取舍，于德位之间从违，恪守起码的应然边际。尤其是对最高权力恒怀怵惕，坚守德高于位，从道不从势，概为基本立场。时当公权恣肆缺德而天下无道之际，总不能做缩头乌龟，甚至于反而趋附有加，唯唯诺诺，响应风从。所谓危言危行与危言逊行，所谓兼善天下与独善其身，绝不能成为活命哲学甚至讨巧卖乖的堂皇口实；第二，必得正视社会苦难，包括面对恶政痼治之不公不义而慨然回应，发挥社会批判效能。所谓社会良心之重负，意味着对善与正义的护守，是且总是士人君子的宿命，虽时代更易而不易者也；第三，勇敢而深切地关注人性之恶及其政制形态与人生表达，绝不能视而不见，集体失声，却袖手谈心性，逍遥扮鸵鸟，于自欺中欺人，在作伪中作势；第四，最后但并非无关紧要的是，在回应与解决上述问题之际，对于程序和方式的选择，有关程序理性与正当程序的思考设计，其之是否切应贴合，有无目的与方法的背反之虞等等，展现审慎的方法论思考与深切的道德紧张。曾几何时，而且，时至今日，以建设人间天堂之目的正当而为将亿万同胞当作实验小白鼠之邪恶手段曲意辩护，彻底暴露了凡此学思之无良无能。

综此四端，不妨说，了无新儒学的声音，现今中国的这拨新儒家大多不合格。尤有甚者，趋炎附势，为虎作伥，倡说国父而图膺国师，争相献媚，可谓丑态百出。其之信誓旦旦，要么缅怀曾有的儒门阔绰，继续徜徉于悲情叙事，怼东怼西，汲汲于恢复往昔的思想中心地位，而无视其面对现实之苍白孱弱，早无解释迎应之力，更无反抗之志。因而，此番作业，无异于以学术公器谋取一己之私，小九九，迹近笑话。要么奴颜媚骨，侻论"只要尊孔，就当合作"，彻底放弃价值判断与道德立场，进而不明所以地礼赞领袖，公然为威权放歌，无视政体转型尚未完工与近年国族整体政治局势逆转之严峻，大言不惭"终于迎来了最好的时光！"经此仿佛一拍即合，在在暴露了千年延续的无骨市侩吃教陋儒本相。若说"判教"——现时代条件下，新儒学居然祭如刀锋的一个谵妄念头——则此脉者流，恰恰了无原典儒义之刚健正大，违连了以德抗位的圣人之教。再者，在此作业过程中，不是将儒学儒义当作理性领域，一个伟大的人文传统，却奉之如教义，盲从若教主，概为其心智与心性之缺陷所在，而根本背离了儒义本当蕴含的理性精神和启蒙意义。近年新儒学中人与倡言威权政治的"新左派"你侬我侬，与"毛左二代"颇多勾肩搭背，似乎于此可以找到部分答案。至于坐无坐相，站无站相，满嘴污秽，面对一介小吏便懦弱不堪，眼前蝇头小利顿时蠢蠢欲动，还敢以儒门中人自居，面对"文质彬彬，而后君子"古训，真不知怎就能毫无无地自容之压力。

三、普遍人性

再次，向普遍人性低头致意。所谓人性，起于人类之为自然存在，诚如夫子自道，食色性也。人为自然之子，还将归于自然，此为宿命，也就是天命，而性命在此，无所逃脱。进言之，综其自然存在与文明存在之合体而论，以一己为中心，而以人类为同胞，争求温饱，享受情色，厮守爱情，免于冻馁，免于恐惧，免于无家可归，岂非人性之常，莫非人世之福，而为天之经也，地之义哉。由此往上，作育德性伦理，涵养规范伦理。进而，循此前行，追求自由，力争平等，造就美好人世与伟大社会。——凡此种种，道尽了求存求荣的人性本根，蔚为人性之必然和人生之本然，概为人世之憬然与人间之怡然，而不得不引导出有关于此的道德议题，无法回避基于人性的政治纠葛。而统归一切，终须以人类是一种政治动物来收束打理。晚近以还，更衍生出拢天拢地的法权安排。否则，等于完全取消合众群居这一人世的可能性与可欲性，从而，也就是在抹煞人性，根本无视人性之常也。

正是在此，置身现代立论，无论着眼发生论，还是基于生存论，政体是因应人性而来的政治设置，而政治不过是合众群居的和平哲学，并落地肉身化为和平共处的法权设置，以分享自由为德性，因而不得违迕人性，却又规范人性，总是铁则。政治不及，需要行政与治安；政治失败，乃有战争；政治现代升级，方有基于妥协与合意的公民和平。而这一切，悉均基于人性，源自人心，锻造于人生，发蒙于心智与心性，而铺展为人世。故尔，若果政治蔑视人性，必致残害人生，人世遂成匪帮，早为东西历史所一再证明，更为二十世纪中叶以还吾国吾族三十年的血雨腥风所残酷佐证。——干什么，都不能与人性对着干，作什么，都不可作难人性，这是普世之道，人而为人的常识，更是晚近七十年历史最为深重的教训，而无所谓"前三十年"还是"后三十年"。就此不难理解，回看晚近三十多年，这叫做中国的十三万万子民的浩瀚家园，其苦斗，其挣扎，其劳生息死，不就正在于向着逐步承认普遍人性而非只是阶级性、更非那个扭曲肮脏的党性，向着承认人性的自私与幽暗，向着承认人性自私的合理性以及利他的必要性这一方向，一步一步地蹒跚前行吗！而前行恰恰意味着回归，落定于人性之常，它的凡俗与崇高，它的肉欲与性灵，它的卑微却壮观。灵肉之间，人命危浅，人命之花就系在这人性之常的枝头，深植于亿万生灵所汇聚的人世之根。生死两头，虽说"欲动情胜，利害相攻"，可人就是这么个物种，所谓"早知世界由心造，无奈悲欢触绪来"，没辙！——朋友，常识源于没奈何的人生，修习于漫长人世累积，极高明而道中庸，于人于事，最为要害，于此可证，于今可证，而在在为证也！

此间堪为要害而得引申的，不外私产之不可侵犯与个体自由之天经地义。无论是以国民财富的创造传布、分配消费最大化为目的的货殖经济，还是追求平等尊重与幸福生活的自由权利，包括公民横向联合及其方式的自主选择之天经地义，悉均深植于人性之自保自强，而善自发育，进而涵养出社会政治目标与社会政治设置，顺应着从自然属性向政治属性第次进境之天造地设。它们不仅展现了人性的洪荒伟力，也是对于人性惟危之深度怵惕，表明的是面对人性之浩远深邃之际人心之无可奈何，却又从不屈服，而强毅力行。由此悲欣交集，而恨爱交加。就此而言，尊重私产而赋予私产以神圣不可侵犯之位格，一如尊重公民自由，营造共和国的共同自由，才可能祛邪匡正，而得享合众群居的缔约状态，就是尊重人性，也就是在保育涵养正派人生。反之，则为蔑视人性，戕害人生，践踏常理常情，在在反人类也。如前所述，若果人性与人心包含"五商"，则红色极权恶政不啻是对于它们的全面窒息和无情碾轧。——党国垄断一切之际，白字连篇的领袖全知全能之时，小民百姓讨生活过日子，连家居生计、一砖一瓦都难能长久预期，朝不保夕，时刻惴惴不安，还谈什么涵养人性，而保育人生者也！？

由此可见，人之生物本性、市民属性与政治天性，以及秉具道德理想的超越灵性，凡此四端，构成了普遍人性的基本面相。自然身躯与理性造物，于此汇融；世俗欲求和自由追求，在此激荡。由此而人性生机勃勃，基此而人生轰隆创造。故尔，承认人性就意味着对于它们的全体尊重，而这恰是人类理性的判断力所在，也是一种道德的优美与真理的德性。正是在此，三十多年的"改革开放"对于生物本性、市民属性两项多所认同，渐次宽容，而于后两项则迟迟不肯正视，甚至于多所打压，近几年更是打压加剧，所违逆的不仅是政治承诺与现代文明通则，而且，更是对于人性之天然的无情戕害。后述两项非他，其实不过就是政治参与的天性与精神信仰自由的灵性，表现为结社自由、公民示威游行权利、政治参与和信仰自由、言论自由等现实政治诸端，虽有《宪法》明文规定，却未能兑现，正说明刻下中国政制尚未跨过现代政治门槛，而民情积压，蓄势待发，则势者时也，有待深怀怵惕中而接续努力者也。大转型"历史三峡"两百年，所谓"临门一脚、最后一役"，其枢机在此，其机运亦在此矣。

四、大西洋文明时代的世界体系

最后，向英美主导的大西洋文明时代的世界体系低头致意。现代文明秩序，萌发于十六、七世纪以还的地中海文明，繁盛于十九世纪中晚期登场的大西洋文明，迄而至今，骎骎乎三、四世纪矣！而有模有样，登堂入室，也就是一、两百年的事儿。此前的古典枢纽文明，东西南北，各表一枝；所谓现代文明，为地中海北岸抢得先机，发为嚆矢，再接续以大西洋文明。近代中国的大转型，包括晚近三十五年的"改革开放"，恰巧发生在英美横跨大西洋合纵连横，盎格鲁—撒克逊国族逐渐称霸地球这一时段。它们在家亲兄弟，上阵父子兵，什么经验理性逻辑理性，什么功利主义实用主义，什么自然法普通法，裹挟带动着全球现代进程。一、两百年下来，所形所塑，至再至三，不过就是上述大西洋文明时代。由此形成的世界体系，统治地球超过一个半世纪，于今虽现衰象，却依然蔚为霸主。整体而言，人类尚未走出大西洋文明体系，可见时段内亦难出现全盘替代性方案。因此，若说当今世界最为重要的双边关系，首推还是跨大西洋联盟的欧美协调，其次才是中美关系。因而，孤立于大西洋体系，就是孤立于世界。——顺说一句，说中国晚近三十多年的经济成长与社会进步得力于美者甚多，如同其大量借力于港台、日本的投资和技术，后者亦且于此获利于中国的廉价劳力与市场开放，两方情形，均于据可考，当致谢再三。就美利坚帝国持续展示的大国繁华与民主盛景，尤其是集欧洲文明于一体而后氤氲发育的文明的充沛元气，所予吾族吾国的道德冲击和典范想象，特别是"接触"政策释放的宽和氛围，进而促进了"开放倒逼改革"的中国现代历史进程来看，怎么说也不过分。至于1945年"抗战"结束后拉扯吾国一跃而为"世界五强"，其相濡以沫的情谊，更当铭记于心，载记于史。但是，如美帝副"伯理玺天德"彭斯，傥言晚近三十年美国"重建了中国"（we rebuilt China），似乎无视华夏亿万百姓胼手胝足、含辛茹苦与因地制宜的冲天创造，则大言不惭，贪天之功，纯为扯淡也。

回头一看，中国1860年代启动"改革开放"，晚近三十多年的"第三波改革开放"，不管明里暗里，均以汇入此一世界体系为务，而孜孜于"与世界接轨"，免于"开除球籍"。而且，究其实质，还真的就是藉此进入世界历史进程，而波澜曲折亦，而汹涌澎湃矣。接什么轨？其实就是向大西洋文明主导的世界体系低头致意，以向曾经的侵略者学习而自救，于自新更张中汇入这一体系，进图政治建国，致力文明复兴。此间心路历程，既是无奈，也是识时务，更是择善而从。在此，反帝反殖反霸也好，接轨接榫接洽也罢，正反合，不离主题。到如今，这波大西洋文明时代似乎为仿佛正在苒苒升腾的太平洋文明时代所取代，更升级换代进境至三洋互动、五洲震荡的新版本，则如前所述，小小寰球，不同此凉热，见证了盛衰兴亡，印证着河东河西，而向时间再奉上一阕赞辞也！

所谓三洋互动，就是印太格局初现，"民主国家联盟"发力，而发轫之轴心仍在大西洋，更早已深入亚洲腹地与远东海疆，这才三洋连缀一体，于文野之战与古今之变中，更叠加上海陆之争与中美之争。中国之为超大规模极权政治国家，于此凸显孤立，已成事实，而危乎殆哉。凡此四端，如笔者将在第五章"自由主义的五场战役"中所述，它们既是合纵连横的国家理性使然，演绎的是权势重组时刻大国争锋的国家间政治，也是民主体系的道德理想驱策的结果，表明了立宪民主蔚为政治高位之际价值理性之不可折辱。值此情形，无论实然还是应然，中国的基本姿态不是另起炉灶，其内在心态亦非希冀根本替换既有体系。说真的，此时此刻，傥论以"中国方案"解决世界问题，什么"为世界经济指明方向"，乃至于"为人类发展指明方向"，吾国吾族，既无此本钱，也无此必要，不自量力嚣嚣然，势必陷入毛氏虚幻全球憧憬而实为"帝国情节"陷阱，为沉重"帝国负担"所害。一个不能善待国民、十四万万人民连一张选票也无的国度，有什么方案不方案的，谈什么方向不方向的。毋宁，仍需"低头致意"，承继"第一期现代文明"，将政治高位那一套悉数学习到手，则仁者智者，天宽地宽。此非策略，更非什么战略，而是中国以大转型未竟之身，仍需完成现代事业，然后才能再作他图之现实使然。尤其是优良政体未立，时时维稳，处处捉襟见肘，一切难以伸展，若果因为内政不修，却搅合于国家间政治而再次中断历史政治进程，则祸延千古，罪莫大焉。——再说一遍，历史自有轨辙，但窗口期稍纵即逝，没了就是没了，回过神来早已时移势易，说不定尸横遍野，再后悔也没用。而说一千道一万，中国必须翻过"现代"及其"现代政治"这道坎，在此进程中超克其野蛮性，才有望提供全球公共产品，进而为世界人类展现普世人生的地方智慧。此间转折，千言万语，绝非什么"反现代的现代性"之流所能讨巧卖乖者也，更非其所能转移搪塞者也。

　　揆诸历史，如同近代曾经发生过的大规模种族奴役与大屠杀，"日耳曼—斯拉夫"式意识形态及其极权政制，叠加上刻薄寡恩的法家意绪，前文所谓之"法日斯主义"，恰为此野蛮性之所在，而中国晚近三十多年与世界融合的现代进程及其拨乱反正，正在于摆脱洗涤此野蛮性，努力于反思更张中求得超克。所谓邓氏路线，起点在此，不过如此，也恰恰如此。这才动用了包括儒学儒义在内的各种可能思想资源，而不问"白猫黑猫"矣。经此转折，达臻前述转型终点，则对于政权存亡的担忧不复存在，而维持政府稳定有效运作的公共政策掂量必然走上前台。——朋友，但凡转型落定的常态国家，只有政府危机而无政权危机；否则，便是政府强固，仿佛无所不能，为所欲为，而政权危殆，竟至虚弱到提心吊胆中惶惶不可终日，临了只能以"绝不做末代皇帝"自我充值，更以"红色基因"打肿脸充胖子，硬撑。这哪里谈得上长治久安，更不用说什么永久和平。再者，权势转移与体系更替是一个自然历史进程，端看国族智慧能否率先触及未知，引领文明潮头，造福良善人生，提供全球公共产品，有效促进永久和平，在为国族增益之际造福全球人类。否则，以强力政治硬性介入，甚至于诉诸蛮力政治，为那个啥而啥，不啻白日做梦，而劳民伤财，内外交迫，自取其辱矣。同样在此，从另一面来说，当此守成大国遭临新兴大国成长挑战之际，川建国老白男式的认知失调性歇斯底里，以霸道姿态对付世界，而以巨婴心态修理他国，动不动一甩手了事，导致现有全球治理体系摇摇欲坠，透支的是历经百年方始奠定的美利坚信用体系与全球公共产品提供者的德性权威，并给正在向民主政治蹒跚迈进的新兴国族以民主政治溃败的大众印象，而为全球性的民主批判浪潮添油加醋，实实在在，既不可欲，亦不可取。见不及此，而拍手鼓掌，实与红脖子们一般无二矣。此处有赖美利坚伟大政体发挥规训与纠错功能，而实际上这一政体从未放弃这一功能，则一切天助自助，自非吾人所能操心者也。

五、择善而从，昂首做人

综此四项，荦荦大端，千回百转，万世一时，构成了晚近三十五年所谓"改革开放"的基本理路，也是我华族文明历经磨劫、贞下起元的一段心路历程，惨烈而慷慨，低徊复昂扬。朋友，一切的天翻地覆，所有的恨爱情仇，万水千山，愁肠寸断，都发生在这一大时代背景下，既构成了这一时代，并为此时代作证也。

其实，以生民为本，为生命祝福，一切围绕着人生打转，为亿万生民过好日子而打拼，管他这个那个的，则低头致意，天地无边嘛！而且，三人行必有我师，择善而从，哪里是什么低头；迎头赶上，止于至善，明明是昂首做人；并驾齐驱，美美与共，这世界才是人间居所，而有望进境为万民分享的共和家园。而且，也只有奠立于富强基础之上，拥抱民主政体，修炼文明涵养，提澌人生境界，才能够挺直腰杆，真正昂首做人！在此，落笔前述主流历史意识与政治意志行文，就国族自保与生命起居所需之"富强"指标而言，晚近三十多年吾国进步多多，亟需广布公义；就民主政治来看，民情积累，舆情汹汹，有待临门一脚，问题只在官家不愿迈步；而就文明修炼提澌立论，则不妨着眼长远，文火慢工，日进一寸。但是，不论如何，切不可固守既得利益，孜孜于一党一派之私利，视天下万物为党派的囊中之物，甚至于强固"红色基因"，做万年专政之南柯美梦，而不顾苍生痛痒，与天下对着干。否则如刻下这般，必灰头土脸，死路一条也！

邓公当年喟言，不走"改革开放"这条路，无论走什么路，都是死路一条，正为此预作陈词矣！

前文屡现"晚近三十五年"或者"三十多年"这类表述，就在于最近五年间政道逐渐逆转，已然越过临界点，而治道宽严张弛失据，背离近代中国的主流历史意识与政治意志，也不再"低头致意"，却多所回归毛氏极权，从而致令大家深感如此下去，难以昂首做人。故尔，所谓"第三波改革开放"早已断夭，有待可见未来开启"第四波改革开放"。岂惟不进则退，更且倒行逆施，致使威权政治向极权政治大幅回归，"文革"那一套做派借尸还魂，而亿万国民胆战心惊，左邻右舍惊诧莫名，早已不是昂首做人的问题了，而是还能不能安生苟活的问题了。故尔，这第三波"改革开放"大转型，不过三十五年，下迄 2013 年"十八届三中全会"，其实就已终结；至十九大全面树立个人权威与领袖崇拜，特别是 2108 年 3 月 11 日"修宪"废止元首政治任期制，等于宣判其死刑矣。

此时此刻，历史进程蓄势待发，正有待启动"第四波改革开放"，以最终完成这一历史大转型也。至少，先回到邓小平，回到"十八大"，重申彻底否定"文革"，断然切割前后三十年，以扳回全民信任，再作他图。非如此，置身世界，总为异数，无法真正昂首跻身文明国族行列，可谓无端烦恼，自找麻烦。实际上，红色中国再度孤立于世界的势头逐渐显现，均为凡此倒行逆施的结果。当此时段，恰如"风波"至"南巡"间的过渡期，熬人而焦灼，期待却忐忑，切切有待"新南巡"登场。大家对此心驰神往，却因现实情势不进则退而心慌意乱，如何是好？如何是好？

朋友，以中国之体制与国民之忍受，中美贸易之争本不至于造成如此风浪，可因着人心向背，致令信心不再，这才导致如此局面。信心，还是信心，来自政体是否有德有方，尤在是否秉具价值理性的感召力量，其之表现为宪制安排，端看是否秉具基于公意的"政权的永久正当性"，而非仅只"政府的周期合法性"，则一切指向的还是那个中国必须翻过现代政治这道坎方能昂首做人这一浩瀚主题也。迄而至今，终于顾忌经济下滑的严峻，而向民企喊话连连，甚至连"自己人"这种看似江湖帮会用语、而实含阶级政治阵营划分意味的修辞都用上了，可大家就是不信，压根儿不信，就在于政体毫无转型诚意，连姿态也无，却动不动重祭 1848 年那份骇世文献这类令人恐怖的"初心"，甚至于端祭毛太祖，则大家惶恐还来不及，哪来信心！

十九世纪法国作家柯斯汀侯爵（Marquis de Custine）以对于沙俄专制政体的深切观察名世。当其时，浩瀚国度，广袤大地，苦难深远，而人民蒙昧，令这位侯爵不禁喟言，彼土彼水，"君王与臣民同醮共醉于暴政的酒杯……暴政乃民众亲制的工艺，非只独夫的杰作矣。"（Sovereigns and subjects become intoxicated together at the cup of tyranny…, Tyranny is the handiwork of nations, not the masterpiece of a single man.）。伸衍其言，中国今日情形，不仅是历史进步遭遇政治倒行逆施才有以然哉，而且，实是"本届人民不行"使然，所以然哉。有什么样的政府就有什么样的人民，有什么样的人民就有什么样的政府，痛哉斯言，痛哉斯言。就此而言，你我他，男与女，咱全国老少爷们，吾亿万万骨肉同胞，张三李四王二麻子——我们猪一般的苟且，我们狗一样的奴媚，我们蛆虫似的卑污——置此邦国，值此时代，遭逢当下，均难逃其责，亦难辞其咎，呜呼！

2015 年春草稿，2018 年 11 月 30 日定稿，于清华无斋

67

第五章　自由主义的五场战役[20]

谨以此文纪念 1978 年开启的"改革开放"

目　录

【内容提要：晚近四百年间，自由主义及其政治哲学逐渐成长，并因其抉发人性，张扬理想，对于"自由在于分享公共权力"这一人类合众群居的根本问题做出了有效体制安排，遂应时顺势，其势汹涌，其力澎湃，历经古今之变、海陆之战、文野之别和中西之争等五场战役，终于塑造出了这个现代人世，也是迄今为止最为合理而可欲的人间秩序。当下中国的变革及其沉滞，以及可见未来之大转型收束，正为此最后一役也！】

---

[20] 本文于 2018 年 12 月发表于"FT 中文网"。

　　现代早期以还，地中海文明一马当先，大西洋文明继起，再第次扩张至太平洋文明体系，终于将全球裹挟一体，造成了这一叫做"世界体系"的现代秩序框架。其中，仅就"二战"以来全球秩序观察，其之依然未脱雅尔塔体系，缠绕于霸权秩序与条约秩序，说明世界体系一旦形成，非时代根本有变，否则不足言变。凡此秩序体系，历经三、四百年，渐次砥砺成型，全球伸展，遂为典范，伴随着世界性文明大转型而来，框含起现代世界及其政经安排。它不仅意味着一整套现代秩序及其生活方式，特别是全新的政经安排，而且，也是一种文明典范，构成了现代世界的义理结构，铺展出文明论意义上的全球景观，从而，形成了具有全球同构性的世界历史发展脉络及其核心治理结构。晚近三、四个世纪里，笼统全球文明走向与政经实践的，其基本框架与秩序形态，其义理结构与德性指向，即此世界体系也。[21]

　　中国的三波"改革开放"，起自 1860 年代的洋务自强运动，断续绵延一个半世纪，就发生在这一世界体系之中，跌宕逶迤于自大西洋体系向太平洋体系的扩张之际，并煎熬于此刻印太格局雏形初现时节。因而，理解中国的近代历史及其"改革开放"，必须回到世界体系中去，在全球史中返身回视中国，方能获致完整印象。其间，以"民族国家—文明立国"与"民主国家—自由立国"为主轴的"双元革命"，[22] 贯穿始终，蔚为经纬，而以自由主义的"五场战役"，特别是正在中国上演的最后一役，演绎着"历史不终结"的恢弘壮剧，并必将为此长程历史作最后的收束。本章在此世界体系语境中，紧扣"中国问题"的在境性，就此五大战役概予阐释，而为最终说明红色帝国之此路不通，中国只能回归服膺近代主流历史意识与政治意志，预做铺垫。

---

[21] 有关于此，参详本书第一章的论述。
[22] 有关"双元革命"，参详本书第一章第一节的论述。

一、八大问题、转型四系与双元革命

十六世纪晚期、十七世纪初期以还，伴随着荷兰的现代进程与英国革命，世界不期然间逐步迈入这个叫做"现代"的时代，而有一个现代秩序、现代文明与现代世界的发生论。其间，从地中海向大西洋两岸扩展，再推及全球，递次出现而解决、对于现代世界的创生具有里程碑意义的，概莫八大问题，而以八场政治革命的方式完成，启动和迎应的是近代世界性文明大转型，最终形成了上述双元革命格局。两个国家版本，搭伴联袂，前后脚来到人世，演绎出人类群体生活治理体系的两个世代，而二位一体，于提炼国家理性与民族理想之际，弘扬公民理性与公民理想，基本底定了这个叫做现代的人世生活与人间秩序。由此造成完整的现代秩序和世界体系。这是全球范围内最为宏大的人间景观，蔚为三、四百年来最为重大的地球事件。

凡此八大问题，或者八大案例，依其时序，概莫"英国问题""美国问题""法国问题""德国问题""西班牙问题""俄国问题"和"中国问题"。阿拉伯伊斯兰世界的转型，规模既宏，进程跌宕，自成一脉。其中，"英国革命"开启现代端绪，主要讲述的是古今之变。"美国革命"以自由人的选择自由和自做主宰的人权，于撕裂甚或摧毁母邦大英帝国之际，而另立新国，终究蔚为"盎格鲁—撒克逊第二帝国"，并正在进化为以"五眼联盟"为轴心的"盎格鲁—撒克逊第三帝国"。稍晚的"法国问题"及其"大革命"，源自从路易十六开始的改革，却因旧制度不恪重负，导致最终崩盘。此后德、俄转型，另有跌宕，至为惨烈。除此之外，还有一脉典范，不妨名曰"西班牙问题"，包括希腊、葡萄牙、西班牙、智利，或许还可算上韩国与中国的台岛，乃至于今日的缅甸，所讲述的是独裁者在专政最后时光逆转历史，或者，顺应历史，亲自主导了民主进程，实现和平过渡。像智利的皮洛切特、希腊的帕潘德里欧、西班牙的大独裁者弗朗哥，以及中华民国政体下的蒋二世，都是这号人物，例属这一类型，不妨统称为"西班牙革命"。

上述八大案例，归纳起来，实为四个系列，可谓"转型四系"，或者，"革命四型"。此即英美一系的"英美型"，德意日一系的"德国型"，法俄中一系统归"法国型"，以及"西班牙型"。凡此四系，庶几乎描摹出这个风云跌宕大时代的完整图景。非洲大陆与拉美诸族，超愈一个世纪的变革转型，生聚教训，纷呈歧异，亦不出上述四型笼统。

这一、两百年里，中国所要解决的最大问题是"中国问题"，一个世界体系背景下和世界历史进程中的"问题"，既是构成此刻这个世界体系和世界历史本身最为核心的元典性问题，也是全球范围内近代大转型最为典型而复杂的案例。在此，近代中国的大转型是中国历史逻辑自身演绎的必然结果，接续策应的则为地中海文明与大西洋文明的历史进程，而汇入并推展为太平洋文明时代的宏大格局，并有望于未来以中国文明的在境性思考为此普世大转型收束，收归于下述自由主义的最后一役。就此而言，其为元典性问题不假，但亦未超出既有轨辙，也是事实，故尔，必须依循人间大道，在继续往前迈步中走向大转型之慨然收束，而非倒行逆施，自不待言。[23]

"中国问题"统归于"法俄中"一系，就在于其政治革命的狂飙突进，不仅时段断续延绵，而且惨烈异常，尤以俄中为烈。另一方面，就转型半途跌宕而后"重启改革"而言，则与德日一系分享了历史进程"断而后续"的特殊性。德国于"1871"奠定国家形制，却不幸搅合于两次"大战"，实为歧出，直待"1945"和"1990"，方始接续，重新出发。故而，1945年后的日本是回到明治再出发，德国则回到魏玛、回到俾斯麦，一如"1978"的中国回到"1911"，回到"1945"，甚至于回到"1860"，采取的都是"向后倒退向前进"这一曲折进路。同时，中国已然长达一个半世纪的大转型，中经辛亥光荣革命，而后内战酷烈，却又类似于英国问题的解决之道。再者，放眼大中华，则台岛转型启动于独裁者晚年基于无可奈何的自觉，循沿的仿佛是西班牙一系的轨迹。凡此种种，反映了"中国问题"及其大

---

[23] 有关何为"中国问题"，参详本书第一章第二节的相关论述。

转型的超级复杂性，由此而有下文将要论述的"最后一役"的复合性质。

二、五场战役

在此浩瀚进程中，自由主义及其政治哲学逐渐成长，并因其抉发人性，张扬理想，对于"自由在于分享公共权力"这一人类合众群居的根本问题做出了有效体制安排，遂应时顺势，其势汹涌，其力澎湃，历经五场战役，终于塑造出了这个现代人世，也是迄今为止最为合理而可欲的人间秩序。

第一场战役，"古今之变"，行进于英、法革命与美利坚建国进程，抽绎出自由主义的人性观念，提炼出关于惬意人生的基本理念，铺展开来了立宪民主的内政框架，特别是宪政安排的政治技艺，于古今之变中作育新型人世。由此奠立了"民主国家—自由立国"的思想和政治基础，而以其人道意义与政治典范性，引领这个世界走入真正现代。关于"现代中国"的道德憧憬和政治想象，包括源自辛亥而已然落地台岛的政制实践，以"立宪民主、人民共和"笼统，均为这一西潮汹涌拍岸的飞溅浪花，也是世界性民主大潮的华夏善果。

第二场战役，"海陆之战"，表现为"一战"的惨烈起落。当其时，英法自由放任式经济体系与普鲁士组织化国家主义短兵相接，势不相容，遂一决高下。某种意义上，就帝国争锋来看，这是发生在陆上容克贵族式帝国主义与海洋霸权国家之间的博弈，蔚为海陆之争，也是守成大国与新兴大国之间的殊死较量。就其帝国之战的性质而言，将"一战"称为帝国主义内部的一场混战，而"春秋无义战"，也有道理。但是，战后四大帝国解体，魏玛共和诞生，从而得谓自由主义的胜利，却也是事实。否则，后果更且不堪。不过，自由主义的惨胜，成果有限，尤其是红色帝俄横空出世，而埋下第三、四场战役的隐患。

第三场战役，"文野之别"，以"二战"为主战场，并间歇延宕至 1970 年代中后期。这场反法西斯与抗击纳粹之战，捍卫的是历经忧患方始建立的自由民主政治，所要超克的是现代性的野蛮性，终于以再度重申人权和自由的至高无上告终，并建立了沿用至今的全球秩序、世界体系及其基本规范。至于1970年代中期西、葡诸国与东亚部分地区相继从右翼极权纷转为立宪民主政体，则为其余脉，于时隔三十年后，轰然回响，而大厦倾矣。若说教训，则"二战"的最大败笔在于，为了击败法西斯和纳粹，乃与苏俄合作，以至于养痈遗患，灭小贼而肥大寇，不得已后来以冷战终结，这才人间晴晚，天道好还。但至今尚余东亚超大规模极权政制，又为其遗患不止也。战后差不多半个地球的苦难，数千万人横尸于左翼极权暴政，远超"二战"本身，痛复痛哉，皆源于此。

第四场战役，同样是"文野之别"，也就是通常所谓的"冷战"，实为解决"二战"遗患，发生在左翼极权国家与自由民主联盟两大阵营，以前者的彻底崩溃而告终。其所再度撬动的现代世界的文野之争，以自由民主政体的人道对抗全面专政的暴蛮，并终于赢得胜利，再次证明了自由主义所迎应抉发的人性善良之不可凌辱。曾几何时，苏俄式嗜血极权政体，凭借"人为的辩证法"，施行全民人身强制，历行书报检查，于说明和论证自认铁律的历史辩证法之际，用大墙和铁牢来印证。亿万众生，无名无姓，分纳于敌我阶级的框格之中，随其起舞，成为这出闹剧的缤纷道具和通向虚幻历史愿景长旅上的道道枕木。铁桶之内，不仅"君子作歌，维以告哀"不行，就连"内心的流亡"也不准，文明遂在一夜之间溃退。[24]因此，冷战结果以共产极权的一夜崩溃结束，不仅是自由保卫战的胜利，也是文明的凯旋，更是人性不屈的一阙颂歌。邓公南巡发生于"1992"这个时间节点，此为所谓"大环境"的重要因素。而此后以局部让利于民和有限容忍市民生活的方式获得政制回旋余地，乃至于假以时日，反不学好，却渐次发展成为"大数据极权主义"，同样在于以苏为鉴，取其偏也。近年来左派文人以"学习型"状述其政，说对了一半，就在于只学有利于专政保存之术，而了无皈依人道普世大道的向善之德。若论晚近

---

[24] 有关于此，参详拙文"谮妄、绞刑架与'人为的辩证法'"，载《领导者》2012年总第44期。

危害华夏最烈者，莫若苏俄与日寇，如陈寅恪先生当年之预言，证诸青史，不予欺也。

第五场战役，也是最后一役，正发生于此刻的中国，以华夏为舞台，综合上述诸战特质，并叠加上"中西之争"。首先，在内政层面，它是中国近代的主流历史意识和政治意志，指向民主中国与宪政中华，与曾经的"日耳曼-斯拉夫式"野蛮性的对决，已见诸港台民主法治的局部善果，而势亦必铺展为华夏秩序。当下胶着，野蛮性按捺不住跃跃欲试再度发作，遂令举国焦灼。其次，就世界体系来看，它是自由民主国家联盟与中国式"大数据极权主义"和"威权资本主义"的决战。后者以党国统驭，君临天下，绝对垄断一切权力，对于国民财富进行无度汲取，奉钳口政策为维稳第一要务，造成了"党国一体、党政一体、军政一体、经政一体和君师一体"的窒息局面。而五位一体，笼罩全民，其势愈炽，长此以往，将了无希望。故而，较诸前此四场战役，这场最后一役表现出前所未有的复合性质。说白了，就是华夏文明不甘曾经的日耳曼-斯拉夫式蛮力，决绝于残暴的"法日斯主义"，而回归文明传统与普世大道的奋力反抗。若说"惊涛骇浪"，莫此为甚，其能阻挡耶！

至于为何说此乃最后一役，就在于它发生在文野之别这一秩序之中，而以进入世界历史为前提。就此而言，当今世界其他尚未进入民主政治境界甚至有待建构民族国家诸族，必先进入世界历史，然后才能登堂入室，在文野之别的砥砺前行中，再成高阶立宪民主治理之国。而这是一个自然的历史进程，不可见于可见未来，故尔另当别论。可以预期，一旦"最后一役"结束，世界上最大的极权国家终于完成现代大转型，必影响风从，带来多米诺骨效应，整个东亚、东南亚以及其他诸族诸国，将会随之大变，世界现代历史进入收束时段，而有待未来再接再厉，开启第二期现代文明也。

三、最后一役的复合性质

惟此最后一战，叠加了前此四战的各种要素，展现出"古今之变、文野之别、海陆之战与中西之争"的综合特质。凡此四重关系，牵连纠结，加剧了华夏大转型最后临门一脚的空前难度，也是其迟迟未能毕竟其役的原因所在。

首先，当下发生于中国的这场战役，接续的是晚清启动的古今之变，恰与第一场战役若合符契。其他转型诸族，同遭此厄，有喜有悲。俗常所谓"反封建"，一个新文化运动以还流行于国中的汉语修辞，实指以民权共和取替帝制一统，既见诸英法革命，亦为清末民初的中国革命主旋律。经此一役，王朝政治与朝代国家不复存在，代之以民族国家及其政治升级版之民主共和。至于美利坚立国之挣脱宗主统辖，类似于近代中国之反抗列强，而延展于下述中西之争，却因当日中国文明的中世形态，而不妨统归于古今之变。刻下中国政制既是列宁式党国之"五位一体"及其"法日斯主义"意识形态，已如上述，同时却又延续了王朝政制，奉行的是"某某代"这一道统观念，特别是"打江山，坐江山，保江山，吃江山"的王朝政治。故而，"反封建"作为一种"批判的武器"，依旧有效，演示的仍为古今之变。

其次，此刻正在进行的这场战役，还具有海陆之战的意味，表现为组织化的国家威权资本主义与自由资本主义的分歧，而类如"一战"之际的英德关系。只不过，以所有者缺位为主要特征的党国资本，将极权与资本两相配合，配合上"大数据"，你侬我侬，远较当年的容克贵族政体有权有势，恰为一种前所未有之"大数据极权主义"。与此同时，从政治地理学而言，中国是一个海陆兼备之国，而传统上为欧亚大陆东端的陆上强国，此刻为了突破海疆岛链，伸展海权，还真的就遭逢到了一场印太战略格局中的海陆之争，使得政经形态竞争与地缘利益分配搅合一体，尚须细加辨析，分别应对，加剧了问题的复杂性。

再次，这场最后一役，根本而言，还是一场文野之战，其所面对的是全能型"五位一体"大数据极权主义及其"法日斯主义"意识形态，一种滥觞自华夏传统中刻薄酷烈的法家文化偏锋，叠加上苏俄全能主义极权政治这一西方文明现代性的野蛮性，两相结合而成的怪胎。——如前所述，仿照"法西斯"，不妨名曰"法日斯"，而成"法日斯主义"也。此为党国魂灵，而为中国之诅咒，全体国民之精神毒药。就前者言，所需启动的是中国文明的理性中庸的文教传统，渐予稀释，以求超克；就后者看，非调动自由理念和民主政治不足以击溃之。置身二十世纪以还的当今世界，这一极权政制作恶多端，展现出最为邪恶的强势，是现代世界中真正的暴蛮。时至今日，其残存于齐烟九点及其周边，孤家寡人，抱残守缺，负隅顽抗，看似得意，实则已呈颓势，而惶惶不可终日矣。——人民已不再恐惧，他们就该恐惧了！

最后，毋庸讳言，此刻正在上演的尚有中西之争，表现为中美博弈，而内里则牵连全球权势转移与世界文明消长。晚近中国的成长，得力于亿万国民节俭勤劳，借力于全球产业体系，引用的是欧美为代表的现代文明成果，而在多个领域逐渐迎头赶上，渐次展现出可能改变近代世界权势格局的态势，这才引发了四邻阵阵不安与某种烦躁。抉其隐忧，就在于一个大数据共产极权国家崛起，有如异数，令人联想到曾经的苏俄红色帝国，则势必时时提防，处处设限。如此作业之时，误解和曲解难免，对立与对抗加剧，已到摊牌时刻。此为自保本性使然，要在双方妥善沟通。尤其是海洋航行自由之于现代资本主义的重要意义，于先发国族抑或新兴强国，不言而喻，均无不同，更成焦点所在，其来有自。在此可以提示的一点是，可以想象，纵便未来中国完成立宪民主转型，亦非等于完全排除此类权势争锋和文明误解，但民主国族的价值同一性，"自己人"认同，必有助于化解，乃至于彻底消解紧张。虽说民主国家无战争并非万能保票，但"二战"后民主国家从无战争的七十年历史，对此早已提供正解。只要能避免战争，不管是冷战还是热战，就是胜利，双方的共同胜利。此于国家政治与国家间政治，并无不同。在此，吾国非能置身世界历史之外，更且早已深嵌于这个世界体系之中，为何不能择善而从，而非要固守僵化党国体制，自树为敌呢？！

综上所述，最后一役的综合性，决定了它的复杂艰难及其世界文明史意义。同时，说到这里可以看出，以"战役"命名这场主要体现为文野较量的四重博弈，只是修辞譬喻，恰在追求和平，一种将"立宪民主、人民共和"落地华夏的和平进程，一种合众群居而合意分享的政治。不仅是结果的和平属性，也在于手段的和平选择。包括公民不服从在内的一切政治抗争，均为此和平政治的题中应有之意。此为自由理念与专政暴蛮的区别所在，而期期于以自由立国导向永久和平矣。

四、重申四个观念

对于上述五场战役，特别是最后一战的世界性地缘政治意味和全球文明史意义，而首先是对于劳生息死于这方水土之上亿万斯民的生存论意义，吾人须有清醒认识，切不可掉以轻心，自不待言。而应对之道，不是以陈旧意识形态和过渡政体来顽抗，更不能为了保住一党一派的专政私利，以亿万苍生的身家性命做人质，将中国当成了予取予夺的殖民地。毋宁，须于"低头致意"中，走人类政治文明的共同大道，也就是中国的繁荣与文明之道。而当下所能做的，还是不外立足世界体系，循沿近代中国的主流历史意识和政治意志，重启"改革开放"。所谓和平，则和平在此，而不得已亦且在此。

如本书第一、四章分别所述，始自 1978 年三中全会的这波"改革开放"，已于五年前终止。此后不进则退，倒行逆施，却又仿佛藕断丝连，挂羊头卖狗肉，大家遂于忐忑中保有一丝流连，在忧恐中彷徨四顾，而多少依然期待奇迹发生，企望或许会有柳暗花明，哪怕只是一丝一毫。逮至"四十周年庆祝大会"落幕，号曰"庆祝"，实为葬礼，正式宣告"改革开放"彻底结束，大家这才明白，路已堵死，不再期待当轴会有任何把历史往前推进一步的实质性举措了。亿万国民，失望悲愤在此，焦虑徊徨源此，而离心离德亦且因此。

放眼大历史，此为逆流，不足为虑，终亦必雨过天晴；置身当下，则可能延宕数载，不仅让一、两代人报废，更可能令华夏大转型再次失去历史时机，葬送已然超愈一个半世纪建设"现代中国"的莘莘大业。另一方面，当下世界体系正在进行重大调整重组，时不我待，一旦贻误，则伊于胡底。怎么办？在此，不到万不得已，还是只能循沿"改革开放"这一和平路径，积蓄重启改革的时机和力量。为此，必须重申下列四大观念，再次呼唤启动"第四波改革开放"。

首先，回归"现代化"这一基本共识，恪守"建设现代中国"这一基本底线，而且，明确中国尚未实现现代化，尤其是远未完成政治现代化这一严峻现实。如同前此两波，这波"改革开放"源于中国置身现代，却瞠乎其后这一冷酷现实，而于追求现代化中起步。左右分歧，朝野异志，独于现代化并无异议，正说明其为共识所在，也是迫于国族生存压力的不得不然。至于究竟何为现代化（性），怎样才算是现代化（性），其为单数抑或复数，凡此仿佛老掉牙而实则依旧悬而未决的理论性作业，其实早有答案，那就是不管何种现代化（性）方案，均不能少了政治民主化。因此，纵便尚存理论争议，也不妨在试错中走一步看一步，日进一寸，逐步前行。毕竟，直至今日，一个依旧冷酷的现实是，虽经一个半世纪的奋斗，中国还是一个半现代之国。不惟尚存前现代之广大乡镇，致令中国因为城乡悬隔而危乎殆哉，而且，政经转型均在途中，人文兴盛有待作育，恰需接力，恪尽前程。至于现代化之肯定、一定和必定指向政治民主化，也就是所谓的"第五个现代化"，中国躲避不了，逃避不得，也对抗不得，何所其能耶？当此之际，半途而止，不进则退，亦必将前功尽弃，君能万岁独善乎？

在此，所谓"用几十年时间就走过了发达国家数百年的工业化道路"，实为昧于事实、毫无历史意识的痴人说梦。君不见，始自洋务自强运动的现代追求，延展为清末变法、北洋新政和民国经济建设的接续努力，再经晚近奋斗，一百六十多年里，前赴后继，劳心劳力，更有数千万人横尸沟壑，血水让海水涨潮，这才蔚然有成，粲然大观。切断历史，抹煞前贤的积劳积慧，而独自骄矜，如同对岸老美傥论"我们重建了中国"，同为贪天之功，恬不知耻，才是真正的历史虚无主义。因此，笔者在此不吝笔墨还要提示，也是人人熟知而未必真知的，就是中国今日乃是起自清末自新变法的长程接续奋斗叠加累积的结果，而且，今日中国尤其必须正视自己并非全然现代之国这一尴尬现实，毋宁，尚须于未来几十年里，继续这一现代事业，才能完成现代化进程，也才真正有望过上安稳日子。那时节，你想玩弄什么前现代后现代的迷彩套路，就使劲儿尽管嗨吧。但是，先走完这一进程，这段路不走完，半道歇火，朋友，随时就是回头路，而必龙椅再现，定于一尊矣。

其次，也就因此，必须明确中国尚处转型时段，所谓"将改革进行到底"不是别的，而是指必须恪尽这一大转型，最终走出转型时段，进入常态政治，建立常态国家。一天走不出，一天尚未完成这一进程，就一天难言这模式那模式，更不可能津津于"大功告成"的自我"庆祝"。此亦非他，不过就是笔者在本书第四章"低头致意，天地无边"中所言，以行政调整和事务性变革，冒充"改革开放"意义上的大转型，来搪塞糊弄举国深化改革要求，根本就不是真正的"改革开放"。毋宁，虚与委蛇也，甚至，南辕北辙也。在此"第三波改革开放"的意义上，"将改革进行到底"意味着不可能"改革永远在路上"，而必有终点，请你向全体国民讲清道明"时间表"与"路线图"。而终点就是建立"立宪民主、人民共和"的现代中国，把选票交还到每个公民手中。这几年国人不满日甚，正在于此类虚招繁多，这文件，那通知，早已让人生厌，进而在将改革污名化之际，令大家一起失望而揪心。因而，明确中国尚处转型时段定位，意味着一切尚未成为定局，惟以近代中国的主流历史意识与政治意志为准，赶紧破局前行。就此而言，启动政治改革，还政于民，逐步开始立宪民主政治，是必交考卷，再拖下去将会更加被动，而终必玩完。

再次，融入世界的世界体系观念，不仅是一种现实主义的政治理性，也是一种全球史的文明观念。它不仅意味着与世界的和平共处，而且，面对世界高阶文明，须有择善而从的胸襟气度，借由文明由高向低的自然流向来充实提澌自身，并于渐臻佳境后输出反哺。此非惟近世历史所揭示，实为"自古以来"文明作育的一般性。自古典枢纽时代以还，小小寰球，一波又一波文明浪潮，尤以现代枢纽文明之自西徂东，蔚为佳例，在在作证。回首三波改革开放，一波接续一波，百折不回，均为循此思路而来，而善莫大焉。诚然，刻下的国际社会依旧是一个自助体，不改丛林社会的底色，所谓的世界体系交织着霸权秩序与条约秩序，因而，只能以文野之别、价值判别和利益趋归这三大认识为主轴，确定主次轻重，划分中心与边缘，以明确中国的自我定位，而首先和绝对的标准乃是文野之别。其实，就晚近这波"改革开放"而言，如本书第一、四章所述，内政上不过是向世俗人生的生存常识回归，放弃"人为辩证法"的蛊惑，国际政治层面则为对于普世人间正道的低头致意，以中世之身，向这个叫做现代的文明秩序低头致意，诚意皈依。也就因此，所谓"人类命运共同体"理念，不可谓不高尚，但却必须以基于文野之别的"人类价值共同体"作前提，为内核，定皈依。否则，方向、目的和准则迥异，何来同甘苦共命运，谁跟你共同一体？！中国刻下再度出现孤立于世界之窘，人家不跟你玩，生意归生意，而内里拒斥你，其因在此，而不止于此矣。

正是在此，今日中美两国均表现出各自的双重人格。美国对内奉行洛克主义，行公民之道，"人待人如上帝"，自南北内战终于一统以还，意味着绝不能诉诸战争与革命。因为无论是革命还是战争，都离不开暴力，一旦动武，就意味着政治无效，政治与共同体一同被放逐。而对外则毫不掩饰霍布斯主义，凭霸权之力，"人待人如财狼"，就在于"城墙之外无政治"这一希腊传统，至老美这儿发扬蹈励为"政治止于水边"这一政治定义，而厉行敌我之别。因而，今日美国的问题在于必须学会律己宽人，将"国家性"贯通于"世界性"，而对政治统一体进行软化，对于国际关系的自助体性质善予中和。另一方面，就当今国朝而言，与此同质而异向，于世界论坛倡言命运共同体，强调法治与平等，多边协商、自由贸易与人权保障亦且朗朗上口。而对内却钳口屏声，压根儿不承认政治乃合众群居的和平哲学，因而必须以分享公共权力的方式缔造自由，方能邦国永固这一立国之道。根子在于这个政权厉行专政，奉行"法日斯主义"，而与民主自由为敌，将亿万人民当作党国的人质。如此反差，如同笔者将于本书第六章"中国不是一个红色帝国"中所言，它造成了"连自己的国民也不善待，还能指望它善待世界吗？"这一彻底的尴尬。此间落差与背反，于中美双方，均为伤害，不仅是对国族德性的证伪，也表明政治的破产，而国朝尤甚矣。

最后，中国必须明了，超级大国没有纯粹内政，鉴于中国的经济总量、人口和幅员，虽非超级大国，却具有全球影响力，也同样丧失了纯粹内政的可能性。在国家政治、国家间政治和全球政治三重视野着眼，凡此大国秉具全球影响力，其内政治理具有全球示范性，由此造成了内政的国际化，反而致令主权受损，实为大国的必要代价。如阿甘本所论，这一悖论源自世界警察与主权者的关系，就是说，作为超级大国的国家并非世界警察，因而，不仅无权宣布例外状态，特别是根本没有借机将自己当作例外状态本身这一主权，而且，因其特殊位格，其主权行使反而失去了纯粹内政性。既然大国的任何一项内政举措，均不免深度牵连他国，搅动国际风云，因而，均不得不考量其外溢效应，也无法以"内政"和"不得干涉内政"自我辩解。时至今日，隔洋相望，中美各有困境，而似乎都忘了大国位格及其悖论对于自己的要求。以此为戒，则中国不能深陷过去的革命话语和第三世界反抗者的角色，继续沿用以应对当今世界，而需明白自己在世界格局中的位格，锤炼出坦荡从容的国家理性，有理讲理，依法论法，借力打力。但是，这一切取决于全民意志及其立法者表达，而不能仅仅出乎党派立场，更非定夺于内廷私议，恰须于经权之间，当变则变，该守才守。至于标准厘定，分寸拿捏，则牵涉到下列论题，无法回避者也。

五、"该不该"与"能不能"，必须交由全民讨论

"庆祝大会"定调，"该改的、能改的坚决改；不该改的、不能改的坚决不改。"笔者对此深表赞同。此间正需展现政治的决断性质，而事关历史进程与亿万国民福祉，并必将牵动五洲风云。惟须补充说明的是，正因为事关国族命运和小民身家，则何为"该与不该"，怎样才算"能还是不能"，就绝非一党一派说了算，更非独操于宫闱政治暗箱作业之手。相反，必须诉诸公共理性，经由全民讨论，凝聚全民意志，进而登堂入室，锤炼而成国族意志，这才有望万众一心往前奔。这是"守法者就是立法者、人民才是主权者"这一共和国立国之道的基础规范，也是其基本伦理。否则，以此"庆祝"四十年，藉此向亿万国民摊牌，划定底线，这个"坚持"那个"坚持"，等于是在恫吓天下，非惟"庆祝"，毋宁，是在为五年前就已终止的"改革开放"补办葬礼，直接羞辱全民心智和心志。进而言之，它不仅否决了人民的主权者与立法者位格，从而等于承认此为僭主政制，而且，

于造成逆流而动的大众印象之际，锁闭了一切对话窗口，也就等于是在启动内战，而自寻绝路矣。

还有，"该与不该""能还是不能"的标准——姑且不论所谓"能"者是指"可能性"之有无多寡，还是指"能力"之有无高下——不是别的，就是法治秩序之内，自由平等的个体追求幸福的权利，亿万人安宁生计、保有私产与心灵自主、免于冻馁和恐惧的自由。至于什么主义或者国家治理的现代化等等，其本身并非目的，乃为手段，悉以实现上述目的为取舍标准。否则，要这个"国家治理"以及劳烦亿万纳税人天天流血流汗供养的国家本身，更不用说什么主义，这些个劳什子，干吗？！再说了，倘若所谓"不能"是指"非不能也，乃不为也"，则羞辱之际，等于开启了忤逆全民意志的一场内战之门，背离了政治乃合众群居的和平哲学这一真义，真正危乎殆哉。

是的，年中高官曾经放言，年底中央将会"放大招"，出台更多"超出意料"的"改革开放"利好政策。言犹在耳，万众翘首以待，不料时限既到，善良心愿等来的虽非晴天霹雳，却是一盆冷水，则期望必将转为失望，而于信心崩盘之际彻底绝望。实际上，最后的一点期待与期盼，连同那叫做信心的心气儿，已于今日随"一锤定音"而烟消云散。置此时节，合作意愿既失，则剩下来的唯有更加离心离德，乃至于对抗政治登场，三十多年里好不容易渐次培育的和平、理性与中道的改革路径及其共识遂将不复存在，实则意味着全体国民政治上和平共处的底线荡然，一切危殆矣。故而，"超越改革开放"的呼声必将渐起，虽压抑而难钳矣。

接续本节起始的意思，笔者在此预先发言，想说的是，"立宪民主、人民共和"的普世道路，围绕着"以文明立国，以自由立国"展开，是吾国自求多福的惟一大道。否则，沉湎于万年党国专政幻梦，固守"红色基因代代传"式的纳粹理念，而且，如笔者下篇文字所述，乃至于造成了中国渐为奠立于"大数据极权主义"基础之上的"红色帝国"这一国际印象，招致四面为敌，只能是绝路一条。

四十年前曾有"真理标准"讨论，开启一线生路。今日再遭"该不该"与"能不能"之问，则当轴可有雅量，先就此网开一面，让亿万国民当一回家，做一回主，七嘴八舌先议议，然后再说"改不改"及其"该不该"与"能不能"。而国中贤达，峨冠博带，明眸皓齿，为家国天下计，尚欲踊跃置喙，以险中求存、危中生机，力免徒使后人复哀后人耶？

处士横议，说了未必白说，白说还是要说。否则，一个漫长的勃列日涅夫时代将会降临华夏——不，是正在降临并已经降临，则大家一起遭难，玩完儿，夫复何言！

2018 年 12 月 18—20 日定稿于清华无斋

第六章　中国不是一个红色帝国[25]

谨以此文纪念 1978 年开启的"改革开放"

目　录

【内容提要：时惟戊戌，情势逆转，仿佛国运不再，而内外交困。追根究源，就在于近年来的立国之道指向"红色帝国"，或者，予人"红色帝国"的公众印象，四面树敌，八方开怼，以至于声势日甚，而声誉日瘁，则危机现矣。其实，中国是一个超大规模极权国家，仿佛具有红色帝国的势能与野心，但却不曾、不必、不该也不可能是一个红色帝国。】

---

[25] 本文于 2019 年 1 月发表于"端传媒"。

曾几何时，大国崛起，文明复兴，势不可挡，一手好牌。时惟戊戌，情势逆转，仿佛国运不再，开始走下坡路了，遂致人心惶惶。表诸现实，便是"一手好牌打成烂牌"，而内外交困。"要准备吃苦日子"与"军事斗争"之舆议纷纷，堪为晴雨表。原因何在？为何走到这一步？抛开大国博弈、权势转移所引发的世界体系震荡等外在因素，追根究源，就在于近年来的立国之道指向"红色帝国"，或者，予人"红色帝国"的公众印象，四面树敌，八方开怼，以至于声势日甚，而声誉日窳，终亦必孤家寡人。一方面，既有体制的腾挪空间已尽，无法挥洒进一步让步协商的红利，毋宁，因恐惧散伙而日益收紧；另一方面，维续既有统治万世一系的初心不改，奠立于超级元首集权的党国体制日益僭政化，而成"奠立于法日斯主义基础之上的军功僭主极权政制"。由此矛盾日烈，已到临界，不欲突破，遂掉头回转，不惟导致内政日益严重之党国极权，同时更加强化、坐实了红色帝国的大众形象。对此，体制内外，朝野上下，心知肚明，此乃不归路也。

中国的现代进程走到这一步，虽非始料所及，却也未出大历史框架。笔者判断，中国是一个超大规模极权国家，不曾、不必、不该也不可能是一个红色帝国。但因其超大规模，确有走到这一步的潜在势能。因而，基于建设"现代中国"这一大历史进程，破解红色帝国之道，拨转华夏邦国重归"立宪民主、人民共和"这一近代中国的主流历史意识和政治意志，既为邦国公义所在，而为全体国民的集体自救，也就是在为世界永久和平出力，须臾不能再拖了。

一、红色帝国还是超大规模极权国家

二十世纪的美苏争霸，是两种绝对主义的对垒，也是两种源自现代性的普世理念的决战，根本演绎的还是王道自由善政与霸道极权恶政的殊死搏斗。其间，苏俄一脉，承继沙俄的扩张冲动，以霸蛮势能和不义战争，建立起一个横跨欧亚的超级帝国。一方面，就内政来看，其以党国统御，领袖君临，尊奉惟一意识形态为圣经，而以残酷斗争与坐寇逻辑开道，掳勒国民以为人质，将国家征服收编。超级元首驾驭克格勃统辖政党，再以政党机器制御官僚体制，然后复用由此纽结一体的党国体制吞噬社会，最终形成一个层层下辖、骑在国民头顶的庞大镇压机器。在此进程中，秉持历史铁律和国家至上的扭曲定位，将谎言治国与祛除信仰推到极致。由此，国家消隐民族变成党国，再变为专政党的殖民地，最终形成的是基于君民统治观而非整体国家观、全体国民成为肉票而党国就是绑匪的超大规模、变本加厉的极权政制。

另一方面，在国家间政治与世界体系中，苏俄不折不扣奉行传统帝国逻辑，恃征服和颠覆为手段，建立起东西纵贯的庞大红色集团，而以华约为中枢，形成中心—边缘的全球制辖体系。1949 年后的中国一度不幸裹挟于这一体系的边缘地带，终因文明传统、领导人性格和地缘政治冲突等原因，而分道扬镳，其实开启了 1972 年中美走近的历史机缘，未始非福也。凡此两项叠加，则此超级帝国蔚为庞然红色帝国，最为邪恶恐怖，涂炭生灵，危害人类，首先是自己的国民遭殃，而终究生于不义，死于耻辱。至今想起，依旧令人不寒而栗也。

苏俄既终，则当世惟剩美帝一霸独强，以隐蔽帝国的霸权秩序维系世界体系，历经"二战"后又一个十来年辉煌小周期，直至双子塔轰然倒塌。不论其为红色帝国还是自由帝国，与此两霸比勘，吾人可得断言者，则现代中国不曾、不必、不该也不可能是一个红色帝国。

首先，现代中国不曾是一个红色帝国。辛亥以还，中华帝国蜕转为民族国家，自此正式进入世界体系之列国时代。不仅华夏帝国赖以伸展的传统东亚中华世界早已烟消云散，而且，既有疆域亦多流失。

四十年里，左右拉锯，一路逶迤，满目疮痍。至红朝当政，重归一统，对内奉行阶级斗争，厉行专政，建构起酷烈极权体制。对外与苏修闹翻，往东南亚输出革命，在亚非拉洒金出力。但是，虽竭尽民力，致使饿殍遍野，却受势能囿限，终究只是在两霸缝隙间讨生存。连第一岛链都出不去，西北边疆亦且封锁得严丝合缝，虽有霸王之志，也想伸展手脚，耽溺于"世界一片红"的南柯绮梦，奈何无霸王之力，只能以"三个世界"划分过过干瘾。最后不得已，"拨乱反正"，还得以四个"低头致意"，收拾残局，死里逃生，哪里谈得上什么帝国。毋宁，乃陷万民于苦难之极权政制的铁桶也。逮至今日，"一带一路"水陆并进，"亚投行"早已隆重开张，实为固守旧制不思更张，以至于因其异数而为主流所拒后的另起炉灶，则看似热闹，其实依旧不过是第二大经济体求生存的不得不然，距离挑肩全球治理的红色帝国之境，还差得远呢。再说了，其所凸显的是帝力挥发而保卫政权之战，内政考量远高于全球铺展诉求，既非纯然国族利益的伸展，政党理由远高于国家理性，更与公民理性无关，则纵便有心插柳，也难能绿树成荫，同样谈不上什么帝国经纬也。

其次，现代中国不必是一个红色帝国。古今帝国成长多半仰仗地利天时，蛊惑于宏大叙事，为利益驱动所主导。罗马奥斯曼如此，英帝国如此，美帝国同样如此。唯有苏俄帝国，倒仿佛更多地基于意识形态的冲动，大肆搜刮的同时还赔钱做买卖，终于套上了帝国负担这一绞索，在癫狂中把自己作死。就此而言，今日中国牟利无需恃帝国之身，毋宁，更多地以汇入自由经济的世界体系，在自由而渐求公平的贸易中取长补短。前此几十年，就是这么"低头致意"做的，赚了不少血汗钱，这才多少腰板硬了呢。否则，反倒授人以柄，招致八方敌意，何苦来哉。而且，帝国意味着责任，故有上文之"帝国负担"一说。以中国尚未完成现代化之身，尤其是优良政体尚付阙如，而背承重负，有如毛时代之外援与近年之大撒币，实在是打肿脸充胖子，不仅背离国家理性，也违连公民理性，不智不祥，同样何苦来哉。大撒币招致全民反感与举国异议，随着经济下滑入不敷出，必将有所收敛，也是预料中事。

再次，现代中国不该是一个红色帝国。毕竟，整体而言，中华文明主流崇仰王道而非霸道，帝国理想并不合心意。汉武隋炀穷兵黩武，劳民伤财，历来备受诟病，其因在此。就晚近来看，红色帝国指向恰与近代中国的主流历史意识和政治意志两相刺谬。其中的"富强"旨在自立，而非称霸；"民主"与"文明"追求内政的优良境界与国族文化的普世融和，亦与帝国指向无关，更不用说红色帝国了。就当下世界体系中的权势转移而言，成长中的大国为了自我发展，绝对以安抚守成大国为获取生存空间的妥协应对之策，所谓"韬光养晦"，奥义在此，决定了中国何需将自家弄成个帝国模式，更不用说是个如过街老鼠般家家防范人人喊打的红色帝国了。再者，当下国朝最为担心的还是自家政权的维续，一切以此为轴打转。帝国雄心依恃国力，而必耗费民力，虽能收获部分盲众的欢呼，但总体得罪绝大多数好不容易才过上几天温饱日子的国民，从而必然危及政权，非智者所为。所谓"欲盛则费广，费广则赋重，赋重则民愁，民愁则国危，国危则君丧矣"，古人言犹在耳，未谓不预也。至于国家间政治中的敌友之别，例属国家理性与国族政治成熟范畴，同样服务于内政，最终落定于内政，对此，除非疯子，谁也不会造次。

最后，现代中国不可能是一个红色帝国。新中国起自"1911"，历经"1949"，再经"1978"，以迄于今。中间"1989"打断，后复"南巡"接续，而一发如雷。一百年间，总体而言，不过求生存而已。国民填饱肚子，手上有点儿余钱，花花肠子尝到了甜头，出洋旅行买几件奢侈品过过瘾，装装门面，也就是晚近十来年的事儿。所谓"站起来、富起来、强起来"，只是相较曾经的积弱积贫而言。置诸世界，比对之下，依旧人民穷困，文化凋零，过去未曾站直，从来不曾富有，繁盛有待来日。既无全球投放军力的实力，亦无力提供全球公共产品和替代性治理结构，更不用说揭橥什么文明论意义上的超越叙事了。而通常为帝国所必需的"中心—边缘"结构及其"外围地带"，不仅尚付阙如，而且，纵便经由外援和"带路"组合所拼接的地缘结构，亦无有效控制。就在家门口，从东海到南海，依旧龃龉不断，大国博弈汹涌，中国难能消停，更不用说如美帝一般纵情于深蓝远海了。故而，以此现有国力而欲成就全球霸业，纵为之，亦不能。暂时不能，未来不必，则怼东怼西，何苦来哉。

此就现状扫描，据实描述，概莫如此。再就近代中国主流历史意识与政治意志来看，其以"富强、民主与文明"为鹄的，虽曾一度"以阶级斗争为纲"，却绝对刺谬于和平理智与人文化成的华夏文教本义，荼毒人心，故尔早被抛弃。而且，后者的天下意识意味着一种互为边疆的多中心结构而言，本身就坚拒任何红色帝国梦呓。一旦偏离此一主流，即会遭遇反弹。几年来的国朝情势，已然对此证之再再。再者，如前所述，好不容易安享两天吃喝玩乐市民生活的亿万国民，早已不是前现代的盲众，最反感基于所谓国家荣誉的援外大撒币，最痛恨枉为领导人的虚幻世界图景而耗费民力。毛左毛粉闹得再凶，闹不过自家的肚子。还有，自从共产意识形态破灭，国朝即无信仰，随政治任期换届而迭出心思，在捉襟见肘中疲于应对。所谓的新理论、新思想和新时代之第次出笼，恰恰表明了无定性，意识形态虚空，国家哲学悬置，不过东拉西扯，架漏牵补，敷衍了事。纵便儒义高陈，民族主义和末世消费心理大行其道，亦不济事。盖因钳口遮眼，压抑心智自由成长，只许十九世纪"日耳曼—斯拉夫"式教条一花独放，则国族心智孱弱，终究无法挺立也。因而，嚷嚷初心，实无理想，只剩"保江山、坐江山、吃江山"的赤裸裸实用主义与粗鄙机会主义，骨子里既无道义自信，亦无下文所说的基于文明的崇仰意识方可深植于心的文明优越感，哪里还会为什么帝国不帝国的去拼命。而帝国大业，包括红色帝国在内，嘿嘿，有时候还真要有那么点儿叫做什么理想呀、情愫呀的东东来支撑才行呢。总之，凡此决定了现代中国不可能是一个红色帝国。此非当轴所能理喻或佯装不知，亦非大洋对岸白宫廷帷内的老白男们所可想象者也。至于学人报人以"现代帝国"措辞状述当下中国，而力争自圆其说，也是一说，就是有点儿小儿科罢了。

综上所述，与其说当下中国是一个红色帝国，不如说是一个超大规模的极权国家，因其不思政改，拒绝以优良政体为现代中国升级换代，而为现代中国的最终完型加冕，则按照晚近势能伸展，有可能发展成为一个红色帝国，这才令四邻八乡猜忌，惹守成大国忌惮。就此而言，白宫那批存在认知障碍的老白男们鲁莽行事，退守基于十九世纪式的主权国家格局，深濡凡尔赛式强权政治色彩，一下子把人逼到墙角，有可能导致一个"自我实现的预期"，同样危乎殆哉。这边厢，"相向而行"，为了转移内政吃紧，而不惜内战甚或外战，亦且不无可能。现在看来，"军事斗争"或成"伟大斗争"日程之首，而定时引爆的可能性正在增长。因为，虽如前文所言，"除非疯子，谁也不会造次"，可不幸时逢太平洋两岸均为"老红卫兵执政"，这世上就有些弱智的疯子呢？！

二、自我坐实的红色帝国

细加辨析，此刻中国予人红色帝国的猜忌，一种经由传媒而凸显的国际印象，或者，为何他人会有此种预设与预期，原因错综，难能一言以蔽之。在此可得陈说的是，其中最为重要的一点，就在于立国之道歧出，尚未完成内政的现代化却反而倒行逆施，愈益往"奠立于法日斯主义基础之上的军功僭主极权政制"回归，[26] 辄汲汲于搅合国际体系，四面出击，则自我定位有误，世界诟议遂至，而情势危殆哉。

综理诸因，约略梳理，概为下列四端。

首先，大国伸展之际的世界阵痛与对于超大规模国族复兴的恐惧。以中国之体量与文明之渊厚，无论兴衰，均会引发世界性震荡。此为国族宿命，好坏难分，天注命定，只能适应。如同欧洲之分易合难，华夏自古分难合易，从而，天时地利，大道异象，各有天命，各有禀赋。但大有大的难处，在切己立论，可谓言之不虚。放眼世界体系大历史，尤就东亚来看，两千多年里，相对而言，中国的衰败是异态，而繁盛则为常态。眼下这波兴衰，随西力东渐而来，深嵌于现代世界的历史进程，改变东西平衡，前后不过两个来世纪，可谓短暂而急促。其以一己即身可见，则感官之震撼与冲击之剧烈，摧枯拉朽，改天换地，盖可想象。时至今日，东西交汇一体之际，如此超大规模国族一阳来复，却又方向不甚明朗，却反而日益回转红色极权政治，未来兴盛后何去何从，会否重蹈国强则霸的旧套路，则四邻有惑，八

---

[26] 关于"奠立于法日斯极权主义基础之上的军功僭主极权体制"，笔者将在"论法日斯主义"一文中详予阐释。

方质疑，全球观望，自是顺理成章，而有红色帝国之嘈嘈切切。有关于此，东西学人早已唧唧喳喳，仁智互见，无需赘言。

进而言之，纵便可见未来中国转型落定，汇入世界民主国家主流，彻底恪尽第一期现代文明之历史终结意向，却依然会因自己的超大规模及其浩瀚势能，而于国家利益与全球政治层面，难免龃龉，多有冲突，也是可以预期者也。此为国际政治的现实主义本性所决定，一天未曾实现人类的永久和平，就一天如此。回眺曾经的英美角力，静观当下的德美猜忌，以及从未停止过的日美较劲，更不用说英法之世亲世仇，楚弓楚得，便一目了然。但因同处体系，分享立国价值，并有极权政制与失败国家作为他者反观，则矛盾的可控性与解决方案的可协商性，以及循沿正当程序的可欲性，绝非同日而语，也是可以预言者也。

其次，帝国情结发作。曾经的大型帝国，作为逝去的辉煌，总会在民族历史文化心理中烙下深重印记。它们可能如落霞残照，搅不动死水微澜，也可能翻转为近代民族主义，而鼓荡起滔天大波。从博鲁布鲁斯海峡至广袤深邃的俄罗斯大地，再到幽曲叠嶂的中亚西亚和印度半岛，而迄太平洋两岸，晚近一、二十年里，不期然间，均有帝国情结发作的鬼哭狼嚎。逮至今日，早已陨落而仿佛惯看沧桑、对于一切均云淡风轻的不列颠，尚图再跨瀚海，"所有作为"，如其防长所言，正说明此间文化历史记忆转化为政治冲动的深重势能，静水流深，不可小觑。正是在此背景下，中国三十多年来的现代化进程指向大国崛起与文明复兴，至此时刻，仿佛正好坐实呼应了这一波发作，也真的就有这种迹象。逢迎学人与无良官媒不明所以的鼓噪，大言炎炎，推波助澜，于党国或有功，于国族为罪人。而心智低劣，心性窳劣，心思卑劣，就此暴露无遗。有意思的是，东亚诸邦近代均遭西洋东洋势力欺凌，因而都有屈辱历史记忆，除开扶桑一枝独秀，其所引发的民族情绪，均未因国家独立繁盛而消隐，却反而益且偾张。每有风吹草动，便暗流汹涌，明浪滔天。其间，高丽民族表现奇葩，尤为凸显；中国的民间爱国主义，一种粗鄙式民族主义，更且幼稚。值此情形下，现代中国的成长至此时段，仿佛濡有帝国情结色彩，而且偏偏就是华丽酷烈的大红大紫，怎不叫人生疑，当然令人犹惧。更何况就有幸灾乐祸望船翻的，亦不排除使绊子的，遂致情势雪上加霜矣。

再次，基于时代错误的毛式公子哥天下图景。如前所述，"人文化成"是文教理想，强调的是基于普遍人性的普世价值分享性，一种循沿人性而善予文教提澌的光明心态，而帝国霸业或者所谓"要让世界一片红"，则为帝力发作，霸力嚣张。德力两端，彼此风马牛。近年立国之道对此仿佛不甚了了，完全罔顾内政升级换代的急迫性与经济社会继续转型的必要性，盖在恰如笔者前文所述，虽号曰"将改革进行到底"，实则以为大转型已然完结，则模式既成，手上有俩儿钱，遂眼光向外，铺展鸿图。殊不知，"胸怀七亿三十亿"的时代已然不再，从"祖国山河一片红"进展至"要让世界一片红"，更是痴人说梦。世界体系维续于霸权秩序与条约秩序的交缠纠结，更叠加上全球治理，意味着参与其中，纵横捭阖，凭恃的是国家理性与文明劲道，表现为邦国的政治感召力与道义吸引力的博弈，哪里是多买卖点儿货品就能摆平的事，更非迎来送往的隆重接待所可奏效也。于此可见毛氏天下图景为底色的世界想象，经由公子哥式发酵，顿时成为一个犯有时代错误的低能幻觉，再加上心智有限，受教育更且极其有限而土得掉渣，遂不成体统，而荒腔走板矣。古贤所谓"好恶无节于内，知诱于外，不能反躬，天理灭矣"，用于此处，亦且恰切。

最后，更为主要的在于，超大规模极权国家崛起的后患与隐忧，引发全球震荡，而首先是四邻忧惧。超逾一个半世纪的"三波改革开放"，浴血打拼，层累之下，造就了刻下中国的综合禀赋巍峨，却因极权政体而与现代世界高阶政治文明离心离德，形同孤家寡人。时以"一战"前英德关系比譬刻下中美角力，又或以苏俄联想华夏，非因吾族吾民秉有德俄蛮力。——其实，中国的"战国时代"早已结束，其势能，其冲动，于隋唐挥洒殆尽，此后渐成内敛式文教共同体，惟靠边疆入主中原保持张力，而终究于近代沦为一味挨打的主儿。文明论上虽有复兴存之意，间有兼善天下的普世愿景，政治意志上却早无帝国壮志矣。毋宁，实因极权政体性质固在，而又拥此禀赋，这才令大家多所忧惧。毕竟，其势能浩瀚，其初心怪诞，其招数荒诞，若果拥此势能以恪此初心，将大家的坛坛罐罐打个稀巴烂，老天爷，那还怎么过日子。如此这般，担忧后患，而戒惧生焉。放眼全球，揆诸四邻，很显然大家未必愿意看到中国乃一贫弱动乱之邦，那不符合全球利益；但更不愿遭逢一个强悍红色帝国，那首先是有违自家的安危。凡此利害，都是明摆着的事儿，虽世相迷惘，修辞纹饰，说白了，不过如此。

　　而一言以蔽之，就在于一个超大规模极权国家，不思政改，无意建设立宪民主政体，不禁令人恐惧。一旦坐大，难防不测，而有红色帝国崛起的预设和预期。其所挑战的是"二战"后奠立、"苏东波"后最终成型的普世良政典范。因而，既非什么南海的军事化与"带路"扩张，亦非"2025"或者"新殖民主义"就引发忧惧，事实上，凡此虽多纰漏，却为一个成长大国基于国家理性的应有布局。毋宁，恰在于内政之红色极权政治赤裸裸的加速度，"法日斯主义"愈益猖獗，这才真正令世界不安，引发出内外一并产生的根本忧惧。

　　既然如此，为国族利益计，为生民福祉计，为何不能正面迎应呢？以立宪民主政治融汇于世界主流体系而和平共处，于己于人，均为福也，何乐而不为呢？看官，坐吃江山，福禄双全，好不舒坦，岂肯放手。于是，罹患下列三项"代际盲点"之蔽，进而犯下"四大低估"之错也。

三、政制的代际盲点与政治的低估症

　　由此暴露的刻下政制的代际盲点，恰为政治之死穴。所谓"代际盲点"，是指这一拨领导集团面对人、历史、权力、国家与世界，凡此政治统治必须面对的荦荦大端，所呈现出的整体心态、情态与认知障碍。其为一个时代的教育和社会所养成，共饮狼奶的经历积淀于心智和心性，虽与时而未俱进，不幸普遍平庸，而成旧时代的人质，同时却又因缘际会，攀登权力顶峰，结集而为一个权力组合，遂有此种情形。除开笔者曾经指陈过的历史感与历史意识阙如等症，[27]概而言之，约莫下列三项：

---

[27] 有感于此，参详本书附录"阻止中国陷入全面内战"的第三部分。

一是了无苍生意识。诸位，这个"苍生"概念可是华夏文明涵养提炼的元典性理念，一个充盈悲悯与仁道的寥廓意境，实为奠立人世、支撑政治的大经大法。较诸"生民"一词，这一概念跟踉于天人之际，呼号在生死两头，竭尽沧溟与慈悲，而于泪眼迷蒙中强项冲天吼。秉此以观，近代以还，老蒋有君臣家国观念，满眼皆百姓，中国无人民；至于苍生，是怜悯的对象，而非头上青天。此后三十多年里，所谓"人民群众"及其敌我阵线，置人民于管制与专政牢笼，彻底倒翻于前政治与非政治状态，愚弄于股掌，抽剥若啬夫，八亿盲众八亿苦力，非惟怜悯对象，直是任意欺凌压榨的蝼蚁。"和谐"十年，专政意识不减，但却承接前此复萌而渐茁之私性市民概念，慢慢滋生出基于生民之民生观念，甚至隐隐作育出民权意识。

当年以"2003"为"民权元年"，固然夸大其词，但却道出了当时情势下基于衷心期盼的一厢情愿。由此而有权钱带动下的世俗理性债张，进至于全民腐败，其乐陶陶。此与当事者出身非权非贵有关，亦赖当日民心开蒙的大环境。几项涉关亿万国民的利民政策出台，包括所谓"免除农业税"，恰在此一时段，并非偶然。遇有大灾大难，包括春运堵车，辄总理亲赴，虽说若此大国，一竿子插到底并非善治，但其努力符合良政的用意，却为基于生民的民生观念之一缕善念可嘉也。逮至晚近五年，"二代"君临，生民重回百姓也就是杂众盲众地位。故而，虽开口"人民"这个，闭口"人民"那个，而这个叫做"人民"的物件儿充其量不过治安与纳税的统计数字，直接退回老蒋之前。没有手上捏着选票的一个个具体"选民"位格为凭，所谓大而化之的"人民"，连抹桌布都不如。故而，这一拨权力集团之心口不一，知行错位，无以复加。土地财政的无耻贪婪、财政汲取之周纳无度与税收政策之吝啬刻薄，其与国民收入比之若云泥，早已为此作证。同时，其将眼光专注于国际政治舞台之鲜艳亮相与财力投诸一带一路之世界布局，尽玩大的，却无视半个中国依旧前现代而亟待建设的严峻现实，亦无视尚有数亿小民有待脱贫或者刚刚脱贫之困窘，恰恰表明其了无苍生观念，更不用说亿万苍生就是头顶青天的生生之德了。也就因此，"狠，真狠！"是大家的共同感受。

二是毫无现代权力文明意识。现代权力文明要在明确国家主权所有者，自此主权者和立法者位格起步，于确定人民主权位格的法理安排中推导出权力架构及其运行逻辑。但是恰恰在此，在他们眼中，国家不过是自己的"一亩三分地"，偌大华夏邦国遂成党国殖民地。于是，自大统领而至村支书，层层级级，大大小小，各占"一亩三分地"。再就权力性质而言，现代权力文明否定生杀予夺威权至上，认定权力不过是一种必要之恶，而有权力制衡，尤其是制衡于民意和选票的政制设计。此为私性王权政治向公共民权政治逐步进化的政治史，而演绎自上述公权民赋、人民主权的现代观念史。回瞰华夏百年，当年中山先生"军政、训政与宪政"的三部曲政治时间设想，表明尚且秉具现代权力文明意识。蒋二代面对汹涌潮流，不得已还政于民，同样基此政治意识，知难而退，善莫大焉。至于"三个代表"与"新三民主义"，遮遮掩掩，均在拖延之际力争转圜，也还多少基此权力意识而发。逮至"后奥运"时段开始重又加剧党化，奠基于军功集团的党国复合体再度进一步碾压社会细胞，等于赤裸裸视国家为政党征服的殖民地，绑架亿万国民当人质。及至居然"五位一体"变本加厉，修宪"定于一尊"，而党国大框架缩减为小圈子内廷一手操弄，在半瘫痪既有国家官僚体制功能之际，相权衰落的结果便是僭政主导下的红色帝国仿佛雏形初现，遂令举国大骇。其间透露出的信息就是，当轴集团一味迷信崇拜权力，以为权力万能，进而将权力简化为武力，相信武力就是权力，就是为所欲为。殊不知，天予天夺，势者时也，诸神在上。故尔，党国垄权后再藉权垄断财富与真理，专营荣誉批发与零售，一切统辖于"一个政党、一个领袖和一个主义"，于反现代、反政治之际，活脱脱把中国从好不容易才退守而成的党国架构的威权政制，又回头往红色帝国极权政治再推一步，虽说不该、不必也最终不可能，但已致令国人恐怖，而四邻不安，世界哗然，有以然哉。

三是毫无对于文教风华的领悟鉴赏心性，尤其缺乏对于灿烂文明的崇仰意识。文明是对野蛮的超克，也是对于恶的抑制和排遣，由此自然状态进境于政治社会，而庶几乎可堪安居，蔚为家园，这才生生大化，不绝如缕。古往今来，见贤思齐，择善而从，是一切文明第次提撕的不二法门。包括向自己的敌人学习，有如清末华夏与战后东

95

瀛，忍辱负重，均为一种自我救赎，而终究有望平等做人，大仁大义，感天动地。中国的三波"改革开放"，无论自觉还是被迫，就是见贤思齐的浩瀚实践。时当山河破碎，风雨飘摇，青黄不接，筹轩使欧，乃叹良法美意；劫余访日，邓公睹物思情，深感时不我待，始有现代航船之破浪重启。就是所谓"入世"与"接轨"，虽说不无懵懂，但那一份向化惘惆，却也真切无欺，磊磊落落，这才跌跌撞撞，而有今日这般光景。尤需指出的是，纵便百年前左右两翼，或信采议会民主，或追奉马列专政，路向有别，而基此向化之心则一般无二。面对文教风华，亲炙政教雅致，那浩瀚人性喷薄凝练的灿烂景致，则三江流水皆从心过，四山葳蕤都是家园，岂能不心向往之？天光所向，心悦诚服，赶紧学好嘛，何乐而不为呢！因而，惟此时刻，再临"文野之战"，明知此路不通，却仍抱残守缺，在将自家绑缚于那个可吃可睡、名曰江山的专政红利之际，进而绑架吾族吾民以为殉葬，可谓德性全无，识见尽失，手法不堪，就在于根子上对于文教风华和政教雅致，了无鉴赏崇仰之心性与心智，惟剩对于权力的崇拜和实利之趋附也。而恰恰在此，概如先贤所论，"故用国者义立而王，信立而霸，权谋立而亡。"

由此三大盲点，在下述四方面，刻下政制及其代际群体犯了"太过低估"的认知错误。

一是低估了民智，反面便是低估了自己的愚蠢。时当晚清，有朝廷而无国家，有中国而无世界，万民匍匐。对日抗战伊始，依旧举国一盘散沙，拼死肉搏的结果是整合了国族，中国进入了世界。逮至"五七一"，再度经久锁国，遂致"人民愚昧无知"，而予取予夺矣。晚近四十年，四海涛涌，八面来风，民智大开，上至厅堂峨冠博带，下到江湖贩夫走卒，眼巴巴眺望文明国家境界，期期于左手拿钞票，右手捏选票，一展矫健。封锁与谎言，曾经为极权政制用如利刃，而今钳口封嘴，早已失效，却还依然信誓旦旦，正在于低估民智，罔忽民情，看层层编删的简报揣度国情，在小圈子内廷围拥中管窥世界，拿草根毛左当作人民的样本，则举止应对，奚能不牛头不对马嘴矣！而且，启明的人民已不再恐惧，胡可靠威吓而万世掌权耶！

二是低估了亿万国民对于既有政制的强烈厌恶与维新求变心切。风雨苍黄七十年，尸山血海，其正当性早已不再。"第三波改革开放"让利于民，容忍市民私性消费嚣嚷，多少松绑社会与头脑，这才暂且换得了政制合法性，乃有盆满钵满，皆大欢喜。小民无辜，但只吃饱喝足，一家和睦，便很知足。但垄断权力与财富，孜孜于专政之万世一系，顽抗普世价值，不肯还政于民，知行悖逆，置此民智已开时代，早令大家厌烦，而万众思变矣。当此之际，看他起高楼，看他宴宾客，岂止审美疲劳，直令政治作呕，而祸莫大焉。由此，现代中国历史进程的当下主题不是别的，就是从"让利于民"进至"还政于民"，而于建设华夏邦国优良政体的努力中，阻止这个超大规模极权国家演变为红色帝国，实现华夏邦国的永久和平。

三是低估了国际社会对于红色帝国的提防程度，以及世界体系的紧密互动之于内政的强烈影响。如同笔者前文所论，"二战"养痈遗患，教训深重。"冷战"终究以自由政体获胜告终，但代价巨大，及至解体之际，反人类苏俄式暴政已然蹂躏半个地球。正当自由世界宣告历史终结，而可能乘胜追击之际，绿教恐怖势力横插一杠，类如当年日寇侵华救了流寇一般，红色邪恶势力乘机获得喘息，并日益坐大。就华夏国族及其无辜人民而言，发展意味着生计，蔚为善端。而就极权政制来看，则输血机制畅达，舞枪弄棒，乃有如今之倒行逆施。而无论是苏俄暴政，还是当下红色国朝之恶政，凡此早已告诫世界，善良人类绝不容再有此种帝国崛起。华夏文明复兴，自有正当性，不容置喙，但国家建构绝非导入红色帝国一途，同样了无异议。与此同时，中国既为大国，早已深嵌于这个世界体系，因而便有一个四邻八乡跟不跟你玩的问题。若无价值分享与基于政体认同的安全预期，纵有商贸粘连，亦且脆弱不堪。所谓"经热政冷"，抑或"经冷政热"，道尽其乖张。几年来东怼西怼，最后导致印太战略出场，海峡两岸三地离心离德，这才出现了本文开头所说的国运下坡之忧惧。此不惟中国体量巨大，卧榻之侧难免惊心，更在于不期然间造成的"红色帝国"迹象令人生惧，方才有以然哉。

四是低估了历史进程之浩浩荡荡，势不可挡。历史决定论式的铁律，并不可靠，不过"人为的辩证法"。但历史进程不待人谋，昭示着生存论意义上的生活方式的可欲性，从而具有可模仿性与感召力，却皓然于世。进而，其不惟转化为择善而从的文明论，更且秉具善好之道义立场，蔚为德性的优美。在实践理性和判断力的意义上，其所要求并展现的便是一个文明国族的政治成熟及其决断意志。正是在此，当下朝野上下对于立宪民主政治的呼求，对于引向红色帝国歧途的拒斥，道出的是吾族吾民的生存意愿，也就是一种德性的自我修为与心智之不可羞辱，早已暗流汹涌，只待澎湃前行，恰为历史进程之浩浩荡荡也。对此了无意识，辄以"煽颠"对待，将文野之战扭曲为权势之争，抑或官场肉搏，正为这拨人等既缺历史意识，复无德性修为，更无文明论自觉的政制恶果。

四、"斗"字诀要不得

走笔至此，必须要说的是，关键时分，层峰以一连串"斗争"，再度释放不详信息。[28]新年伊始，首席官媒亦且"斗争"标题迭出，"军事斗争"字样赫然，令国人胆战心惊。其实，"十九大"之后，"伟大斗争"修辞即已进入官方话语，只不过不如此番之大言傥论、连篇累牍也。兹事体大，首先关联内政，同时及于国家间互动和全球政治，亟需慎思明辨。须知，长达三十多年里，国朝奉行残酷斗争哲学，曾经连年"运动"，不仅刽子手们自己也先后走上祭坛，哀复后哀，而且，更要命的是使亿万国民辗转沟壑。血雨腥风不过就是昨日的事，好不容易熬过这一劫，又听鼙鼓，你想天下苍生心里该是何种滋味。故而，此刻再以排比句式连提"斗争"，予人浮想联翩之际，等于宣告邦国和平不再，毋宁，重启内战。而这恰是红色帝国每遇危机之际的拿手好戏，也是支应对手的杀手锏也。"解放台湾"或者"解决台湾问题"如利剑悬顶，就在于一旦内政吃紧，大国关系紧绷，则随时出鞘，便源此"斗争哲学"也。中国不曾、不必、不该、也不可

---

[28] 己亥秋日，笔者修订本文之际，层峰更是承接戊戌意绪，一口气讲出 58 个"斗争"，竭力煽动全民内战，可见其危殆之感深重，而刻意违忤政治之提供和平的本心本性，直至不惜将国族置于火山口也。

能是一个红色帝国，已如前述，则断断不可滑入此途，重蹈覆辙。

本来，无论市民生活还是政治场域，矛盾与冲突，吵吵复嚷嚷，蔚为常态，堪称家常。而政治就在于迎应它们，适为合众群居的和平哲学。冲突围绕着统治展开，最为剧烈，每致血流成河，惟立宪民主政治破天荒启动了和平解决的稳定正当程序，堪为人世最高智慧。从"民权元年"开启的党内"禅让制"，若果践行几轮，修葺完善，而转至"主权在民，授受以公"的立宪民主竞争机制，可谓中国式转型正义，也算是一种稳妥过渡，大家想必理解，可以等。可惜，恰恰在此，十年"和谐"，以"拖"字诀应对举国变革要求，玩"击鼓传花"把戏，于"温吞"中一再错失推动政治升级和历史迈步的时间窗口。其之已然开始后撤，实际开启了晚近五年大规模后撤之先导趋势也。而矛盾并没随着时间流逝而消失，遂层层积累，以至于斯。但好在明白，再怎么着，也不能重启全民内战，"不折腾"。文景无为，不过尔尔。故尔，虽无政治决断之刚健，却也不敢太过瞎胡来。这边厢容忍权贵分赃以坐实九人寡头体制，那边厢让小民沉湎于市民生活而实腹弱智。两边同床异梦地合谋，全民腐败的熙攘中，居然架漏牵补，甚至于蒸蒸日上，造成了一个"不见精神，但有繁华"的小康之局。转眼前五年过去，以"反腐"为旗帜的吏治整顿，迎应的是前期沉疴，雷厉风行，颇见成效，却因未能真正启动民主法治登场机制，一再拒绝用选票兑现人民主权位格的时代诉求，而且更加排斥多元议论，不意间竟因势禁形隔，甚至连"禅让"亦且不再，滑到如今的"斗"字诀，岂惟更且不堪。如此不仅还将错失依旧存在、但已岌岌可危、可能稍纵即逝的时间窗口，大转型历史机遇不再，而且将可能导致情势急转直下，重回斗争哲学那个恐怖机制，再度轰隆启动绞肉机也。若果真的如此，"七斗八斗"，亿万国民既是看客，也是人质，更是刀俎之下的人肉，其必与其苦心经营的和平家园，最终一同沦为殉葬品，何所来哉！？

造成这一现象的原因，既有当轴个人因素，更多的是体制本身使然。就是说，为了江山永续，必须整肃和珅们，客观上导致强人政治登场，而心照不宣的结果是造成笔者前文之"五位一体"。在维持所谓"五位一体"的前提下，厉行整肃，既有体制空间早已用竭，全凭当事者以人身为投入的高压维持，而牵动的是这个体制的根本。可为了维续根本，却又必须动手，但却不能再往前走，虽说明知那是现代国族政治意义上的根本解决之道。再者，囿限于此体制内部的整肃，而非指向立宪民主的良政设计，则"整肃"本身却也严重伤害了其欲维护的体制本身，看似吊诡，却扎实发生了。"大清"与"中华"的矛盾及其悖论，就这样再度浮现，纵便刻意营造党国一体意象，日日灌输，时时讴歌，满大街嚷嚷，却早已糊弄不下去了。除了"朝阳群众"，还有谁不知道党是党国是国，祖国是祖国，国家是国家，政府不过只是政府，那个叫做领袖的更且一具肉身也。如此，遂陷入死胡同，只能等待终结时分不知何时降临。此一纠结，见诸二十世纪的所有极权政制晚期，特别是苏俄一系极权政制之迁延待决，只当引入立宪民主政治方能破解，或者，有所纾解。否则，等待它的便是崩解，土崩瓦解。在此过程中，拖死的不仅是僵硬体制本身，更是作为殉葬品的亿万生灵。而究其根源，就在于拒绝适能提供"政权的永久正当性"的"立宪民主，人民共和"之公道，遂以让利、高压和欺瞒三位一体支应，就是不肯还政于民。迄至利益蛋糕缩减，让利不再，争利日甚，便三缺一了，看你怎么办，又能怎么办。

职是之故，此时此刻，以法治收束政治，用政治约束政制，而首先是用政制制衡权力层峰，考验着既有政制与政治。而最为关键的，还是在于全民抗争，以落定权力的来源这一现代政治的根本。无全民抗争启动国家主权与政权所有者这一确权机制，凸显主权者和立法者位格，就无推导政治民主化的任何可能性。毕竟，从来没有施舍来的自由，只有争取来的自由。其间理路，牵涉到笔者近年一再申说的"政权的永久正当性"与"政府的周期合法性"之联通机制，在此不遑细绎，惟可奉告者，其亦不过是将事关统治的最高权力的冲突与矛盾的解决，收纳于"立宪民主，人民共和"轨道，以避免全民内战，而首先是避免进一步走向红色帝国之不归路也。

五、良政善治与文教风华

戊戌风寒，心事浩茫，思接今古而无地彷徨。斗室枯坐，朝乾夕惕，以三篇三万言，陈述世事，评骘时事，展望时势，自虐复他虐。所出虽一己之心智与心志，而所向乃千门万户之柴米油盐。既忝清华教席，职虽微末，却如敝校先贤所言，"吾侪所学关天意"，则水木生焉，烟火居焉，岂敢懈怠哉？又奚可畏葸耶？故而，以墨代血，挥毫为剑，惟在面对严峻，激发思考，而引发天下同慨，破俗谛，除围障，共迎我华夏邦国奠立于良政善治与文教风华之永久和平矣！

此良政善治非他，惟"立宪民主，人民共和"是求，于"政府的周期合法性"中求得"政权的永久正当性"，作育一个全体公民分享自由的共和国，而首先和最终不过是将选票交到每个公民手中。此"文教风华"非他，就是自由、公正、平等、仁爱、信义、和平与理智的普世价值，就是民胞物与、慎终追远与知行合一的德性修为，就是天下一家、四海兄弟的世界精神与人类胸襟。但首先是要善待自己的国民，坐实国民就是公民、而公民天性是个政治动物这一人类本性。开放言论，吾华夏人才济济，必文采风流，斯文鼎盛；开放政治，此邦国久经沧桑，必审慎练达，而政教昌达，日月光华。综此两端，合二为一，恰成笔者一再申言之"以文明立国，以自由立国"，期期于人类的永久和平矣。当此之世，舍乎此，请问衮衮诸公，劳驾亿万同袍，吾族吾邦要想求存求荣于喧嚣人世，还将有什么？又能靠什么？

为此，可得提示的一点是，人民真的来了！一个叫做人民的政治存在，伴随着自由市场、开放社会和网络大潮，真的澎湃而来了。无论教师请愿还是卡车司机罢工之全国联动，抑或退伍老兵维权之举国一呼百应，更不用说公民结社的普遍政治呼求之呼呼鼎沸，已非个体维权的孤立状态，表明基于公民意识集结而成的人民的自我挺立，一个地上的神，至高无上的主权者，虽风吹雨打，虽欺瞒碾压，却不屈成长。他们是生民与市民，因而要钞票；他们是国民与公民，欲为选民，还想要选票。只有钞票，吃肉骂娘；只有选票，乞丐民主。两票齐备，天下太平。面对此情此景，为华夏邦国计，为亿万苍生计，既有的极权体制于血腥中登场，已到体面退场时节。——重申一句，该退场了！至于党派集团，如同今日蜷缩台岛的那个老大烂党国民党，不妨在和平落幕中华丽转身，再战政疆，用竞争机制获得的选票，于人民主权治下获授政府治权，而于执政中告别专政。因而，自此往后，现代中国历史进程的主题，不是别的，就是一阙迫使政治强权从"让利于民"到"还政于民"的全民进行曲。基此，政治和解，全民普选，迎接第三共和，一个中华共和国，是时代的最强音。阁下雅不欲做末代皇帝，但可竞争为首任民选总统，合力同心，而为中国的大转型踢出"临门一脚"，最终完成"立宪民主，人民共和"的华夏邦国这一真正千年大业矣。

六、为了自由，放声歌唱，万民！

三篇既毕，心力憔悴，欣然而怅然，愀然复释然。哦，这苍茫人世，这浩瀚苍穹，劳我以生，息我以死，而万物有本，天命大化，惟危惟微，全在一念。如此，头顶有佛，人生如寄，惟剩心魂不灭，尚飨！

大转型时刻将临未临，波诡云谲，人人屏气凝神，大地一片沉寂。有如夏日雷暴前的闷湿无声，宇宙纹丝不动。可是，我分明听到脚下春冰咔嚓，我确实看到枝头绿重黛浓，而仰望天空冰河万里铁马奔腾。凛冬已至，至暗时刻，孤绝凄清，一万个希望早已破灭，千万个憧憬冉冉升腾。啊，"我的山河一江春水，我的故国巫山云雨，东边我的美人啊西边黄河流，"好一个大千，为了自由，放声歌唱，万民！

2019 年元月 6 日，定稿于清华无斋

附錄 I　重申共和国这一伟大理念

2016 年 1 月 8 日，在天则所"新年期许"会议上的发言

目　录

【内容提要：今天必须重申、再次重申：这个叫做"中国"的家国天下，是十四亿国民分享的公共家园，而非一党一派、一家一姓的私产，更非凭借强力攫取、代代承续的所谓江山。中国之为亿万国民所分享共有，意味着排除了将国家当作权力的殖民地，而以征服者身份凌驾于国家之上，将人民当作掳勒的人质这一极权政治思路。】

过去一年，一个最为严重的现象是，有关"文革"或者"文革式的社会政治状态"是否死灰复燃、卷土重来这一疑虑，不知不觉，有迹无形，如雾霾袭来，慢慢沉压在亿万人心头。如果说市民阶级依旧沉浸在反腐的老炮儿式复仇快感中，那么，政商学三界，尤其是知识界，一叶知秋，对此趋势之忧虑愈深，忐忑不安，实为二十多年来所未之有也。

一方面，我们看到机关发文，各项决议重申改革开放、民主法治。其声调之高，蔚为主旋律。另一方面，伴随着经济下滑，失业率上升，股灾连连，以及最高权力配置上的"相权衰落"，高度集权似乎再度变成现实。"文革"式用语及其内涵的蕴意，所谓"东西南北中，党政军民学"一类套话，居然再度成为官媒堂皇大词，令人惊骇。换言之，党国一体、党政一体、军政一体、经政一体乃至于君师一体的集权机制，在逐步推进民主法治的承诺远未兑现之际，反益强化，且借由强化国家治理能力之名，为前者张本，这便逸出了"改革开放"的固有含义了。如果说由此开导出一个总统制的宪法惯例，并进而经由立宪程序坐实总统制，也未尝不可，但因民主尚未登场，而操作方式濡有新权威主义浓墨重彩，遂不免令人浮想联翩，怕怕。大转折之际，可能，某种新权威主义是必需的，但其边际效应究竟如何，总是叫人七上八下。

一方面，宪法日、宪法宣誓等新制出台，强调《宪法》之不可侵犯这一官方宣喻言犹在耳。另一方面，意识形态的口子越收越紧，钳口日甚。我是个教书匠，用心思考，靠嘴吃饭，这一年多里，深感意识形态紧箍咒愈念愈紧，对师生的精神管束，尤其是对青年教师的收编，愈发严重，正在侵蚀三十年里好不容易辛勤作育、并可能蓄势待发的中国文明的思想创发势头。毕竟，心灵促狭，难望心思浩瀚。青椒们愤懑而无奈，普遍功利却又十分懦弱。

"文革"是否重回人间？也许，五六年前，甚或两三年前，这不会成为一个问题，这样提问，大家都会摇头。但在重申进一步深化改革开放的今天，鬼使神差，这一问题却陡然降临，再一次严峻地摆在我们每个人面前。三中全会以还历经三十多年改革开放，国力大增，国民生计极大改善，社会空间拓展，倘若经此转折，无意中滑落至1936年的德国和完成工业化后"二战"前的苏联那种局面的话，则百年改革转型跌宕，情何以堪，命何以托！

为此，今天需要重申共和国这一伟大理念，而提出下列五点，以为诚勉。

一、中国是全体国民普遍分享的公共家园

今天必须重申、再次重申：这个叫做"中国"的家国天下，是十四亿国民分享的公共家园，而非一党一派、一家一姓的私产，更非凭借权力攫取、代代承续的所谓江山。打江山坐江山保江山吃江山，早已是不合时宜的王朝政治心理。此前为立基于政制之政治，此刻为有违政制之反政治。故而，中国之为亿万国民所分享共有，意味着排除了将国家当作权力的殖民地，而以征服者身份凌驾于国家之上，将人民当作掳勒的人质这一极权政治思路。增强国家治理能力，健全国家治理体系，这一伟大的现代理念，不能无意中变成严防社会成长、打击商人阶层、限制思想自由这一商鞅式法家的刻薄寡恩。其为中国文化偏锋，置身诸强争霸时代，有利君主专权，一时间，其兴也勃焉，其亡也忽焉，但绝非常态政治下的长治久安之策。令人遗憾的是，某种商鞅式理念似乎正在侵蚀历经百年方始积攒下来的共和理念，人民主权理想迟迟未能落地制度化，正与其相表里。也就因此，包括后面将要叙及的反腐，才会予人以"王爷的归王爷，奴才的给奴才"的印象。潇潇雨，海山风，"天涯乐事王孙贵"，还怎么玩！

在现代意义上，所谓政治，旨在建构主权、区分敌我、厘清公私、进行决断、提供和平，其间最为重要的一点就是，以共和国是全体国

民分享的公共空间为基点，而以立宪民主支撑，建构起一个全体国民政治上和平共处的大框架。因而，共和国之内，只有违法犯罪者，而无敌人，遂为题中应有之意，也是立宪民主政治的应有之义。在国家政治意义上，将敌人常态化，而建构一个阿伦特所谓的"客观的敌人"，此种理路，说到底，还是一种极权政治心理，正与此背道而驰。——当今之世，公然将大学教授们作为防范对象，标立其为异己分子，辄言"教育""惩戒"，除了金三胖，还有哪个国家这么做？！

二、国民的自由、安宁和富裕，优位于国家的强大与威势

国家建构和治理，图个什么，不是一将成名万骨枯式的光荣政治，也不是伟大君主的江山浩瀚，说到底，是国民的自由、安宁与富裕。至于国家的强大与威势，乃顺水之舟，水到渠成，倒非国策悬鹄。我们当然明白，处此自助体世界，就中国这一初始条件而言，没有强大国力，御敌防寇，国民的自由、安宁和财富难保。但是，另一方面，我们更知道，若无每一国民的自由、安宁和富裕，要它强大国力与光荣政治做什么。

由此，必须指出的是，虽经三十多年改革开放，经济规模扩展，国力大增，但综合来看，中国依然是一个穷国，一个尚处大转型收束时段，还没最终走出大转型"历史三峡"的穷国，属于典型的"脆弱繁荣"，不可因为刚刚手上有些余钱，就透支国力。

实际上，最近几年间，不知不觉，一防再防，中国还是被拖入了一场军备竞赛。而且，整个东亚，均深陷此中。同时，自一年前反西方价值观开始，仿佛同时陷入了与西方的意识形态冷战。就前者而言，关乎善用三十多年积攒的民脂民膏，防范严重透支国力，而非打造伟大君主的大国梦幻。一夫强，万夫弱，打断的是共和国的脊梁，绝对不是好事。看看俾斯麦的德意志和普京的俄罗斯，一目了然。就后者言，其实主要源于西方偏见，是它们挑起来的，但要是被动接招，并开出了所谓反西方价值观这类误诊处方，而于敌我观念支配下导致内政主导方向上的错位，则更加得不偿失。况且，人家之所以挑

起意识形态之争，还不是因为你自外于世界精神，随着体积日益庞大却愈发凸显极权政治本色，不进反退，当然举世忧惧者也！

正是基此情势，过去一年经济下滑，特别是民营资本人人自危，不仅源自二〇〇八年以来整个国际金融形势下滑大势，同时反映了国内政治和意识形态导向致使大家心头困惑，信心指数下滑，以至于人心慌慌，市场惶惶。

因此，需要重申政治的审慎德性，以及"审慎政治"这一为政常识常道，拒绝缔造伟大强国君主梦这一类前现代政治罗曼蒂克，而将政治回归为一国之内，为了每个国民的自由、安宁、富裕和幸福这一庸常轨道上来，重申其合众群居的和平哲学本义，将"脆弱繁荣"修炼为"稳固繁荣"的常态。

三、内政优于外交

有人说，当今世界，美国是一个"内政决定外交"的国家，俄罗斯则为"外交牵制内政"。相较而言，中国属于哪种形态呢？总体以思，中国的大转型尚未完成，有待临门一脚，则"内政优于外交"，不言自明。终究而言，但凡一方水土，概为主权国家，则内政优先，自不待言。毕竟，刻下中国，有六千万左右的残障国民，上亿尚未脱贫人口，两亿五千万农民工兄弟辗转城乡，还有成百数千万失学儿童留守儿童。就国之重器的高等学府来看，也没几所世界级的，多数很烂。尤其是，在最终解决"中国问题"意义上，若以"发展经济社会，建构民族国家，提炼优良政体，重缔意义秩序"四大义项提纲挈领，则三、四两项仍然人在途中。值此大背景下，举凡政道治道，一切措置，总须"攘外必先安内"，恒以内政为优，而内外恰予平衡。纵然外交，以及全球政治，也是为了造福内政，不离不弃生民福祉与邦国安危。毕竟，"季孙之忧，不在颛臾，而在萧墙之内也。"

最近两年，国民睹物思情，感觉似乎外交优于内政。若果如是，则不免方向有误。此间可能牵涉到民族国家思维、帝国思维与全球体系思维的错综关系。一百多年来，吾国所要完成的一大转型，是将帝国思维转换为民族国家思维。所谓民族国家思维，实际上讲的是以文明立国，以自由立国，在"文明立国—民族国家"与"自由立国—民主国家"的框架内，缔造一个富强、民主与文明的现代中国，一个全球体系中的中华家国天下。在此进程之中，内政，还是内政，恒居优先地位。进入全球化时代，作为主权自助体的民族国家思维需要上升为全球体系思维，此于中国这样的大国而言，尤其重要。但是，全球体系思维不是帝国思维。倘若读书有限，误将毛式罗曼蒂克普世主义当成了全球体系思维，而其实是帝国思维，则郢书燕说，得不偿失。以此观之，当下帝国思维弥漫中国，虽贩夫走卒与辟雍高知，悉不能免。草根民粹，尤其是边缘落魄掉队群体，既有年长亦有年少，整天嚷嚷打这打那，"炮轰""踏平"，令人忧虑。

也就因此，肯认内政优于外交，意味着海外援助，不管是非洲 600 亿还是哪里 500 亿，但凡用钱，总得有个程序，好歹让掌控国库度支的一国最高权力机关面子上过得去，也让亿万交税纳粮的升斗小民心里好受点。换言之，在此领域启动人大的预算和决算机制，乃至追责机制，便是题中应有之意。我们不是不知道，大国成长到一定体量，辗转腾挪之际，客观上需要大格局大思维大体系，需要拓展自家的战略纵深。就此而言，一带一路，海陆并进，堪当大手笔。但是，持盈保泰，量力而行，总是王道。否则，帝国未至，而帝国负担先来，对于中国这一尚处大转型航程之中的泱泱巨众国度而言，岂为福哉？

四、反腐必须导出制度遗产，始有意义

这一波反腐，霹雳手段，依恃权力政治和权势国家，做他人之不敢做，行前所未行。两三年里，全民狂欢。但是，目前看来，其不脱例行之吏治整顿，杀一杀歪风，收拾收拾恶吏。因而，其收取合法性政治红利时段已过，不但说省部级高官，纵便揪出个常委级大蠹，大家也不再惊讶，更不可能于欢欣鼓舞中颔首承领政治统治的合法性。就是说，以反腐标领政治统治合法性的效用不再，大家更希望看到在民主法治思路引领下，将防治腐败的制度建设提上议事日程，导入常

态化的法治机制。毕竟，这一波反腐，针对的是过往几十年积攒下来
而遍于国中的权力腐败、全民腐败，而以非常人物依恃非常手段所推
展之非常进程，若无相应扎实制度遗产，时过境迁，必定人亡政息。
不说别的，就说公车改革，钱已经花出去了，但变相公车私用的地方
性创造，花样翻新，早已登场，即为一例。因此，引导其成为常态之
下，基于国家理性和公民理性的民主法治建设，不仅考验着统治体系
的政治诚意，我相信，同样在鞭挞着治理体系的政治智慧。

　　在此，事实证明行之有效的制度，为民主法治国家经久使用所证
明的，该采用的就当采用，到时候了。例如，暂且不说为何不兑现激
活《宪法》第 35 条的言论自由与结社自由，发挥它们在信息披露和
权力制衡中的效用以预防权力腐败，单从略小处来看，这么反，那么
反，为何不启动官员财产阳光法案？一方面，征收公民个人所得税雷
厉风行，手机实名制关涉数亿国民，却也行之无碍，为何偏偏一到阳
光法案就以这个那个，搪塞一阵算一阵。什么技术手段跟不上啦，全
国联网做不到啦，简直把亿万国民当白痴。若果真有诚意，深切著名
政治统治的合法性，取信于民，全国做不到，那就从七个人做起呗。
说白了，你家里有多少钱，动产不动产，票据证券，放在瑞银还是藏
在地窖，晾晒出来吧，让亿万国民瞧瞧。敢吗，还是不敢；做，还是
不做？这不是一个哈姆莱特式的追问，毋宁，是一个关于政治德性的
常识测验。恰恰在此，装聋作哑，支支吾吾，拿亿万国民的智商和情
商开涮，使得一切关于政治合法性的宣喻瞬间等于零，暴露的却是权
力的傲慢、市侩与苟且。——老王，你手上要是把这事办成，你就名
垂青史，否则，不过一介能臣干吏而已！能臣难求，干吏难得，但在
建政立制的立法者面前，直若云泥。

　　说到底，置此情形下，如今的反腐，以及为了解决"政令不出中
南海"而采行的重新集权进程，包括所成立的各种领导小组，以及巡
视组措置，某种意义上的确是一个去制度化、解制度化进程，但也同
时提供了重新制度化的契机。建设官员财产阳光制度，就是一个"抓
手"，何乐而不为？今天发文件，明天发文件，这一年党政发文最
多，若无制度落实，也不过依旧是"一级一级往下念"，反过来，
"乡糊县，县糊省，一直糊到国务院"，不了了之。换言之，不在民

主法治这一常态、常规的现代国家治理方向上用力，发再多的文件也没用。

由此，引出一个连带话题，涉及现代立国的根本理念，就是反腐旨在建设一个"道德中国"和"清洁社会"，相信大家都不会反对。但是，问题在于，如果骎骎乎道德洁癖，并用之于全民，包括食色性也的升斗小民，而实际效果是消灭了政治和权力结构之外的其他一切社会自我组织形式，一切私性领域的市民生活方式，则同样是一种商鞅式理路，于良善人生和正派社会而言，适得其反。亿万国民，芸芸众生，七情六欲，总得要消费，要 happy，还要参与，无法清心寡欲，但也折腾不到哪里去。即便像无烟工业，又何必赶尽杀绝。两亿五千万青壮年农民工漂泊于大中城镇，讨生计，要活路，好歹给他们一个宣泄人性的机会吧。否则，基于道德洁癖的清洁运动，陈义过高，冲击之下，既不切实际，结果反而可能造成普遍的道德伪善，最不堪而必然的是，豢养出更为高级的腐化形式。毕竟，越是公众人物，越是大权在手之士，其之为人做事的道德水准应当越高。而一般小民，善恶参半，优点和毛病集于一身，在吃喝拉撒里打滚，沉湎于市民私性生活，以如今珠三角的市民生计为典型，放他们一马得啦。这样说，不是为人性恶伸言，更非为贪腐找寻人性根据。毋宁，作为有限理性存在，我们就是这么个货色，只能为我们自身深感无奈而悲悯罢了。要是指望并要求人人成贤成圣，个个斗私批修，这日子没法过。事实早已证明，修造通往全民圣贤和人间天堂阶梯的努力，不知不觉，同时就是在构筑走向地狱的隧道。

五、无法回避政治统治的正当性问题

此为今日中国最为敏感话题，也是一百七十六年近代大转型最后所要解决的问题，既无法回避，也不是三言两语就能打发得了的。转型时段未完，政治统治正当性悬置，遂成一切内在紧张的源头。内政外交，敌我公私，焦点在此。此亦非他，就是权力的来源问题。换言之，凭什么你来统治？为什么你掌权？过去一种讲法是，领导人民打江山，牺牲了两千万人头换来的。各位，这叫丛林法则，如前所述，例属前现代政治，所以现在不讲了。丛林法则将人世打回自然状态，赤裸裸。将丛林规则尊崇为伦理原则，表明的恰恰是兽性，而非人性及其光明砥砺。

据说，最新的讲法叫"人民的选择""历史的选择"。可问题在于，哪个人民？什么时候的人民？是当年我爷爷的选择吗？如果答案是肯定的，那么，现在我也是人民的一份子，而且，又有这么多人民，换了一茬又一茬，能不能再选择一回？老中国的讲法是"君权神授"，脱离了历史语境的"人民的选择"，以及政治神学的"历史的选择"，均排除了程序合法性维度，没有现实法权程序支撑，不过是它的变种，听起来响亮，其实弱不禁风。

在此情形下，以这一套陈旧的意识形态话语为凭，搪塞政治统治的正当性这一立国之本，回避这一根本是非，肯定不行。所谓政治统治的正当性，笼统言之，涉及三重合法性，此即绩效、意识形态和程序，缺一不可。今日情形，绩效合法性，甚为昭彰，而意识形态与程序合法性，则有待开拓。毕竟，政治统治旨在实现全体公民政治上的和平共处，以"同意和承认""命令与服从"为枢机。民主政治之所以是一种经由妥协而合意的政治形态，从而足堪提供和平，其意在此，其义亦在此。总靠绩效来维持，是维持不住的，不仅不可能永远保持绩效，绩效总有令人不满的时候，还在于人心不足，吃肉骂娘，一旦对于绩效习以为常，就不再看重了，何况，不可能总是高效发展，永远快速致富。因此，便需要后面两项合法性来补充，来转圜，特别是需要启动程序合法性。纵便绩效有问题，单凭程序，也还能维持。就是说，将十四亿人民变成选民，让选民进场，据选票解决"权力从何而来"这一根本是非，则钞票和选票双轨齐下，合法矣，正当矣。换言之，以"政府的周期合法性"，彰显和印证"政权的永久正当性"，才是不二法门。现代政治说来崇高，其实还不就是这点儿小九九。

汉儒班彪《王命论》喟言，"帝王之祚，必有明圣显鳃之德，丰功厚利积累之业，然后精诚通于神明，流泽加于生民。故能为鬼神所福飨，天下所归往。未见运世无本、功德不纪，而得侥起在此位者也！”其间，德行昭彰、业绩显豁、神明祝福与泽布生民，概括的也就是上述三要素，可谓道尽枢机。在现代法政哲学意义上，归总而言，不外就是三句话二十四字：“主权在民，治权在贤；政权为主，政府为客；授受以公，临治以法”。

否则，正当性云乎哉。

六、人在做，天在看

是啊，所谓“人在做，天在看”，这个“天”绝对不是地上俗物，毋宁，是指价值的超越性，一种普遍的天道自然，永恒之法。在此刻语境下，上帝已死，“人民”不期然间变成了地上的神圣。人民是一个集合体，无法言声，只能换身为生民、市民、族民、国民和公民，进而，特别是公民进入政治，将自己化身为一个个具体的“选民”，这才有所谓的人民，也才有所谓的程序合法性。否则，大而无形，有等于没有，无所托付，则情形堪忧。

此刻中国，一方面对知识界能压就压，也压住了“大师王林”这类三教九流。另一方面，福山这类洋大师，却在中国流行，一言既出，引为经典，其实南辕北辙，扯谈。其情其形，与道士和尚进宫差不多，实在不是个事。

有感于文革会否卷土重来，疑虑复担忧，遂重申共和国这一伟大理念，而有上述五点陈述，以为新年期许，则生死有命，祸福在天，知罪由人矣。

附录 II 阻止中国陷入全面内战

2017 年 1 月 10 日，天则"新年期许"发言

目 录

【内容提要：此处所说的"全面内战"，非指武装交火，而是说法政哲学意义上，以敌我关系归类与规训国民，将斗争哲学和"你死我活"适用于国家政治，从而，导致全体公民政治上的非和平共处状态。由此造成一种"人自为战"阵势中基于敌意的紧张、防范与恐惧的政治状态，乃至于杀伐欲望，而非公民友爱与团结，在尤其表现为言论大幅收窄甚或噤声的状态中，结果是大家共同失去安全感，丧失对于政治前景的任何确定性预期，普遍恐惧遂笼罩人心。】

这一年来，极左思潮与极左势力，死灰复燃，愈发猖獗。这边厢，草根毛左不明所以，挟带着政治失意与社会怨愤，骠突乎南北；那边厢，高校中早已退场沉寂的文革余孽，乘势冒头，作跳梁小丑状，叫嚣乎东西。不仅喊打喊杀，在国家政治与国家间政治层面，四面出击，而且，颇有掀起某种"运动"，经由首先整肃知识界与退回到文革式政治社会状况，而全面否定"改革开放"的冲动与势能。其言其行，已然造成普遍不安，一定意义上的社会恐慌，并导致了一种将中国拖进"全面内战"状态的可能性。经济下滑，资金外逃，官场懈怠，底层乏力，精英移民，知识界人人自危，新闻出版行业不知所措，就是这一不安与恐慌的晴雨表。因此，阻遏这一态势，拆解这一可能性，防止中国社会政治状态的持续恶化与全面倒退，蔚为当务之急。

此处所说的"全面内战"，非指武装交火，而是说法政哲学意义上，以敌我关系归类与规训国民，将斗争哲学和"你死我活"适用于国家政治，特别是公然指向知识界、律师、社会维权人士、新闻出版从业者和民营资本，从而，导致全体公民政治上的非和平共处状态。由此，造成一种"人自为战"阵势中基于敌意的紧张、防范与恐惧的政治状态，乃至于杀伐欲望，而非公民友爱与团结，在尤其表现为言论大幅收窄甚或噤声的状态中，结果是大家共同失去安全感，丧失对于政治前景的任何确定性预期，普遍恐惧遂笼罩人心。严重的官民对立和对于公共权力的彻底的不信任、社会撕裂与舆论极化，不过为其表象。

一、表象与理路

其端倪，其理路，总括而言，大约表现在下述五个方面。

　　第一，现有体制在"维稳体制"基础之上，正在一步步地，叠加上"战备体制"，而形成"维稳"向"战备"演进的体制形态。本来，百多年来的中国，历经战争、革命与各种酷烈政治运动，长久罹陷于一种异常政治状态，生死轮回，生民涂炭。只是晚近三十来年间，放弃革命、战争与政治运动思路，多少解构内政上的敌我界限，以和平建设与改革开放为重心，进而倡说和谐，着意营造全体公民政治上的和平共处意象，这才逐步有望迎来一个常态政治状态，中国这也才迈进或者正在进入常态政治时代。托此之庇，国家与个人，朝野上下，大家好歹有些安全感，口袋里才刚刚有了点儿钱，一般国民温饱不愁，科教事业逐步复苏与发展，慢慢过上了好日子。

　　但是，最近几年，随着西方向右，中国进一步向左，不仅周边关系吃紧，大国博弈紧绷，更主要的是，国家政治中的敌我思维重新上阵，导致原来的"维稳体制"叠加上了"战备体制"。就是说，此处之"战备"，不仅旨在迎应国家间政治，防范外敌入侵，随时准备打仗。——毕竟，当今世界体系依旧是一种自助体系，浩瀚如中国这样的文明复兴与大国崛起，当然意味着世界体系重构与全球秩序的重组，从而，必然引发有关国家的醋意与敌意，中国不想惹事，但无需怕事，必需有所回应。——而且，不宁唯是，更主要的是，似乎指向内政，旨在找出、标定并惩罚"敌对势力"，将不同理念、价值与意见的表达，乃至于一般纯粹基于物质利益诉求的国民维权行动，悉数当作敌对势力与敌对行动，时刻防范，随时准备"狠狠打击"，则政治形态一时间重新面临不确定性，而造成的一般大众心理感受的不安，担忧"常态政治"未曾完全落地，"异常政治"又回来了，遂顺理成章。

　　就是说，大家担心是不是又要搞阶级斗争，搞斗批改，搞政治运动，整人。甚至乎，顺此战备体制思路往下走，所谓"先军政治"，也在中国出现了苗头。由此，东亚的军备竞赛，遂成事实。实际上，国际形势紧绷与内政吃紧，从来就是互相强化，而终究难免彼此恶化。

　　有鉴于此，警惕中国滑向此种战备体制，防止整个国策为此战备体制所裹挟，进而，突破维稳体制，重启全面改革开放，在一、两代人的时段内，逐步和平过渡，完成中国这一波超过一个半世纪的大转型，既是历史逻辑，也是政治逻辑，从而，是当下此际，吾华夏民族亿万生灵的生存之道也。

第二，"和谐理念"逐步被"斗争哲学"所取代。"全面内战"的先兆，便是倡导了十几年的和谐理念不再，而为斗争哲学所取代。斗争哲学崇尚斗、斗、斗，在不过一代人之前刚刚摆脱"文革"之祸的我们看来，其之非为正道，令人不寒而栗。前几年大家反感以"和谐"和稀泥，瞧不上甘做维持会长，有时候亦且多所调侃。但是，与斗争哲学相比，至少，在国家政治意义上，和谐理念虽说意在回避矛盾，延缓矛盾爆发的窗口期，进而希望在拖字诀中遮蔽化解矛盾，可既以营建全体国民和乐融融的政治意象为旨归，则其内涵了指向全体公民政治上和平共处的可能性。并非体制本意如此，而是照此以往，可能具有此种趋向。故而，虽然其派生的维稳体制叫人烦心，但和谐理念本身还算让人放心。扭转此种平庸不作为局面，而锐意进取，的的确确，是刻下政制自我修复而建设常态政治之途径，也是主动顺应近代中国历史主流政治意志的强毅力行。十八届三中全会决议颁行后，特别是经由反腐整顿吏治，大家深受鼓舞，一致叫好，原因在此。但是，其轨辙，其进路，不是重启斗争哲学，毋宁，正不外执政党十八届四中、五中全会所接续倡说的国家治理现代化与建设法治国家也。——再说一句，以民主法治为基础的国家治理现代化，而非突转为斗争哲学，方为进取之正途。

朋友，我们不是乡愿，不是不明白，对于政制腐朽和官场腐败，对于国家间政治的竞争性，特别是对于并非子虚乌有的外敌觊觎，需要起而应对，必须有所作为，也理解一开始启用霹雳手段的必要性。但是，此与内政意义上的斗争哲学是两码事，更非等于斗争哲学所刻意释放的恐怖意味。毋宁，在国家政治维度，必需导向民主法治轨道，以民主法治建设解决政制腐败，慢慢地，形成中国的优良政体，进而，以"一国良制"承载完成大中华全境之民族国家建构。当下中国，没有民主就没有法治，舍却民主政治建设，既无法说明权力来源，从而没法落实政治统治的正当性，也无法提供政治正义与宪法正义，从而，难以确立真正的法治，连真实的法制也难。而且，也难以突破大中华民族国家整合的困境。此为现状与现实，无法掩饰，而直言陈述，还是盼望避免全面内战状态蔓延，赶紧结束愈益严重、官民皆有的不安与恐慌状态，则吾人百姓安居乐业也。

实际上，就大中华的政治文化整合而言，这几年台港情形恶化，在已然回归之际与营造可能统一之时，苦心经营之下，不仅没有强化其向心力，反而导致其离心力愈重，正说明基于敌我划分与斗争哲学的路向之失。迄而至今，居然出现了必须同时反对"港独""台独"的问题，实在匪夷所思。同时，无论是调适与东瀛和南海诸国的关系，还是两年来的中美互动，大凡关涉国家间政治，而与周边国家关系吃紧，需要仰仗的是以实力为后盾的政治智慧，也不是一个"斗"字所能解决的。如果说此于国家间政治得解，那么，当此斗争哲学径直引入共和国之国家政治层面，就更且不妥，已非政治退化或者恶化所能解释。毋宁，实为威权体制乏力之际，蓦然回首，极权政治思维的复辟。而其先导与表象，不是别的，恰恰正为所谓文革式思维的回归，由此，造成此刻这般令人窒息而惶慴的全面内战式政治生态。——朋友，大学教授表达一点与所在基层单位领导的不同看法，就被跳将出来的文革余孽目为"反党"，你说这不是文革式思维，又是什么？！

比如，前不久教育部长发文，一棍子打下来，将高校这一斯文发育之地定义为"阵地"，将全体高校教师划归敌对势力范围，令人齿寒。论其源流，正不外基于此种敌对思维与斗争哲学，而有此极不负责、最为卑劣无耻之言。其言其行，不仅在高校教师中无限树立敌对面，给当下的社会紧张状态添油加醋，而且，从根本理念层面上违背了政治正义，实在不配担当总绾大国教育之首席长官也。——各位，官员为了上位与自保，纷纷以出格言论和宁左勿右现身占位，给社会大众传递的是文革式社会政治信息，其之极端不负责任与无耻之尤，影响最为恶劣，危害最为严重，怎么就不见高层警示挞伐呢！？

上述现象，考镜源流，东亚不期然间之进入军备竞争，欧美右转可能引发新一轮冷战，均为诱发斗争哲学的外因，并互为因果。而一且陷入军备竞争与冷战，对于中国这一尚处转型进程之中的国族来说，其所追求的现代体制与国家建构尚未完全成型落地，则"现代中国"的涵养进程有可能因此中断，非为福也。中国近代史上，此间教训深重。一八九四年、一九三七年，日寇侵华，两度打断中国的现代化进程。一九四九年后，深濡斯拉夫式蛮力极权政治色彩的犹太摩西一日尔曼式斗争哲学，参和着刻薄寡恩的法家思绪，风火相助，共同君临中国，再度打断现代中国的成长进程，直到一九七八年执政党三中全会以后，拨乱反正，中国历史方始重归改革开放轨道，而以追求富强、民主和文明为鹄的。有鉴于此，今天中国切忌重蹈"一战"前德国式、"二战"前日本式与二战后苏俄式军备赛和冷战覆辙，相反，仍需"一心一意谋发展，聚精会神搞建设"。否则，失却这一"窗口期"，现代化进程就此打断，而下一次机会何时才有，鬼知道。

第三，"公民团结"理想逐渐被"敌我关系"思路取代。和谐理念的致思进路是公民团结，并希望达成国民友爱与公民团结的结果。而敌我关系意识旨在区分敌我，强调"自家人"与"外人"，意味着将国民分类为敌我两方，而非共和国的平等一体的分享者。"赵家人"一语流行，正说明整个社会对此普遍不满，也不屑，并以此修辞编织导火索。本来，"共和国"这一理念意味着全体国民均为国家的所有者，当然的主权者，纵有利益之争与价值之别，何有敌我之分。而追根究源，之所以倒退回如此陈旧的非共和国模式意识形态，或者说，公然重祭前此十来年已然多所隐晦与消解的敌人论专政魂灵，就在于当下政体缺乏国家哲学，面对转型关键时刻之重重矛盾，无理论与思想利器可用，却又因为利益所在，刻意拒斥包括古典中国文教传统积攒下来的普世文明，不得已，只好重回最为熟悉的敌人论。与此同时，大国博弈进程中的多边互动所造成的步步紧逼态势，导致意识形态冷战实际上早已开打。其实，此间苗头，早现于"五不搞"与"七不讲"，而于二零一五年初的反对普世价值思潮中喧嚣登场，到如今，再度公开表现对于读书人和新兴社会阶层的刻意防备、戒惧和排斥，表明了一种摧残体制内外理想主义的极左思潮有可能重归主流，则害莫大焉。正是在此情形下，不仅是社会上，而且，高校中的文革余孽及其思维方式，亦且已然蠢蠢欲动，甚至开始了针对特定教师的政治攻击。因而，重提斗争哲学与强调敌我关系，实为一体之两面，正在将中国拖入全面内战状态。

第四，共和模式淡化，党国一体形态更趋强化。实际上，是党国一体、党政一体、军政一体和经政一体，甚至有君师一体的苗头。本来，改革开放与国家治理现代化，其本义，其进路，就是要在维护执政党领导地位的同时，破解党国一体与党政一体，借由党政分开而淡化党国一体，最终，在中国近代历史大转型的意义上，实现还权于民，建设中华文明的立宪民主政治。胡赵改革与胡温新政初期，基本上循此思路前行，使得国家建构的共和形态，仿佛蔚为政治大方向。可惜这几年，虽然讲得很好听，实际上党国一体的趋势有增无减，上述五位一体的体制愈益凸显强化，只剩下"维护执政党领导地位"这一私心。而一旦党国一体形成窒息性高压态势，彻底排斥和压抑社会成长和民间发育，实际上等于以党国方式将共和作废，向全民宣战，而这与改革开放的根本思路和基本价值背道而驰，正在将中国拖入全面内战的境地。正是在此情形下，才出现了诸如"央视姓党，请您放心"这类错位而肉麻的谀词，而产权改革、地产确权迟迟难以到位，一部物权法所能确立的不过是半拉子物权，同样原由在此。

凡此五种一体化，再往下走，伴随着信息封锁和舆论愈益钳制，可能会导致中国的"苏联化"。就是说，刻下的后极权主义全能型威权政制，向着斯大林—毛泽东式的左翼极权政制复归。若果如此，列位同胞，可就害莫大焉。于国家间政治言，对中国是灾难；在国家政治看，则是亿万人的无边苦难。因此，阻止中国陷入全面内战，意味着此刻必须"阻止中国的苏联化"，千万不能让斯大林—毛泽东式的邪恶左翼极权政制再次戕害吾国吾民。

第五，维权政治消隐，暴民政治登场。二零零三年开始的"胡温新政"，媒介以所谓"民权元年"嘉喻，略显夸张，但却本诸真诚善意，并且满含期许。虽说虎头蛇尾，但自此的确开启了具有现代启蒙政治意义上的民间自发维权活动，并有诸多权力与权利良性互动的范例，也是真实的。此后"奥运"在即，志在维稳，扛不住了，赶紧从旧兵器库里找家伙，这一良性互动进程逐渐缓滞，并终究停滞，权力独大一面倒格局遂又强势回归，民间以"权力向权利的反扑"讽喻，无可奈何。与"齐一变，至于鲁；鲁一变，至于道"相反，最近两三年来，尤其是最近一年来，不料想，维权政治停滞后，暴民政治却登场了，主要表现为时不时上演的草根毛左式暴力化倾向。

最近发生在济南的草根毛左对大学教授的街头围攻与"大批判"，特别是它的暴力化倾向，显系背后组织化运作的结果，并获得了警方的变相容忍和体制内的快速响应。不是别的，正是后者，让人不寒而栗，怀疑是不是又回到了"反右"与"文革"爆发的前夕。而暴民政治上演，不仅表明社会萎缩，宣泄出口受阻，以至于变态表达，而且，说明中华民族的现代启蒙依旧是一个未竟的事业，对于现代性的野蛮性之中国式发作，那一段至为酷烈的历史，缺乏系统深刻的清算反思，所以然哉，有以然哉！

朋友，积小恶而为大恶，汇点滴以成潮流，所有的政治运动，甚至战争，不都是这么慢慢折腾，终于闹大，而终究不可收拾的吗！因此，街头围攻与大批判登场，及其暴民政治化，表明以治安对付政治、用政制反制政治的政体格局下，社会发育受阻，健全的社会理性建设与商谈性对话机制阙如，则暴民政治叠加民粹势力乘隙而入，社会生态恶化，正为"全面内战"的不祥之兆，需要赶紧刹车，以防不测也。

再说一句，对此草根毛左暴民政治，必须赶紧刹车，否则，作为转移与寄寓特定政治目的和发泄社会愤怒的暴力形式，必将蔓延开来，而不可收拾矣！

二、五大后果

综上五点，导致了下述五大后果，在在印证了有关"全面内战"这一忧惧。

第一，随着经济下滑，资本外逃，经济问题的深层透露的是企业信心的下降，而其背后，则是对于既有法制的不信任。虽然有"私产入宪"，《物权法》亦且赫然在世，前不久高层还以权威机构名义下发保护私有产权的通知，但却没能唤回信心，则经济信心下滑的背后，是对既有法制的不信任，而法制之所以没有获得应有的公信力和权威性，是因为法制背后的政治体制，其政治道义信誉，并没有建立起来，未能获得确信，因此折射的是政治统治的正当性及其道义信仰的阙如，造成社会大众特别是有产阶级对其信义不足的全面危机。换言之，对于既有政体是否能够兑现保护合法产权这一政治承诺，并诉诸强固法制与程序公正，实在没什么信心。此刻极左思潮和极左理念推波助澜掀动的全面内战态势，特别是高层权力机构的言行不一与地方公权机构的暧昧态度，无疑加剧了这一疑惧与恐慌。说到底，一个动辄出尔反尔背信弃义的政制体系，想靠一纸文件就笼络住人心，实在太过低估民智，而纯为痴心妄想。

当此之际，一个再显明不过的道理是，无论是在共和国与公民理性立论，还是站在民族国家与国家理性立场，抑或从消费主义和市民理性出发，再怎么折腾，也不能把经济搞垮，让大家没钱花，生活质量往下走嘛。刻下政体虽说并无正当性，但凭借经济发展的绩效政治，大面上的社会治安，好歹赢得合法性认同。但是，若果又要过紧日子，上顿不接下顿，甚至连地主家也没余粮，则连这点儿合法性也会迅速丧失殆尽。更不用说，山雨欲来之际，在一个政权的永久正当性无着的国度，是不可能以政府下台这种"政府的周期合法性"更迭来化解正当性危机的。到那时，图穷匕见，运动再起，大家一起遭殃。

第二，官僚阶层普遍不作为，文官集团软抵抗，底层创造力与民间活力正在逐步丧失。各位知道，中国几十年来的改革开放，依恃高层推导与底层创造力之两相配合。民间的活力，包括民营资本的创造性增长，加上官僚集团，尤其是地方官僚集团的利益驱动与政绩推导，特别是多所缓和、宽和的政治氛围，官家不再着意伤民，少扰民，给社会松绑，凡此聚合发力，造就了三十年的经济成长与社会进步。但此时此刻，伴随着政治上的不确定性，不仅民间活力正在丧失，底层创造力虿矣，而且，官僚集团的不作为导致的改革空转，甚至借改革的名义而行反改革之实，或者徒有名头的假改革反倒大行其道，正在使改革所积累的政治信义，以及由此培养的全民信念，逐渐流失。由此，为了层层应付而无事忙的所谓改革，没事找事，比如刻下的司法改革与某些高校的人事制度改革，其实是一场闹剧，便为一例。

第三，最近一、两年来，面对极左思潮与极左势力的日益坐大与文革式社会政治状态的回归势头，已经造成全民人心惶惶。尤其是知识阶层，社会精英团体，包括权力精英、资本精英与知识精英，普遍感到不安和忧惧。此种情形如果再进一步加剧，可能摧毁这个社会最具活力也最具中道理性的建设性力量，同时，也就是一种大转型关键时段、各种矛盾爆发之际可得依恃的缓冲力量。其于社会撕裂之际，实际上令社会自主性——如果还有一定自主性的话——遭受重创，社会发育停滞，削弱的是中国社会最具创造力的部分。

实在不明白，中国的读书人老老实实，对国家民族满怀深情，任劳任怨，起早摸黑，为何在极左势力眼中，动不动就被视为敌对势力呢？！

第四，晚近十年，制度固化，旧体制复归。这一苗头起自奥运会世博会，只是这几年旧体制复归的步伐在高亢改革声中反而有所加速。由此造成的结果是，过去几十年来以与国际接轨为名、而行制度和解之实所积累的制度成果，有可能在强调制度竞争，而实际上是以僵化制度、固化制度和旧体制抗拒改革开放，抗衡建设优良政体的政治努力的趋势下，逐渐流失。此种态势和心路，逐渐蔓延，甚至造就出了一批理论上振振有辞、其实不知痛痒的"青年左派"，以及卖身投靠而翻转于隐蔽战线的特殊职业者，如高校中月月拿钱的"特殊学生"，所谓"舆情监督员"也，与中老年狰狞毛左一唱一和，实在令人担忧。

第五，帝国情结与战略透支。最近几年，曾经的帝国，包括奥斯曼故地、波斯旧址和沙俄家乡，眼看美帝日趋疲惫而倦勤，欧洲的内向和收缩，其潜在帝国倾向和帝国情结发作，或明或暗，都显露出重振帝国的野心勃勃，而蠢蠢欲动，强化了这个本已动荡的世界愈发严重的不确定性。表面看是内外交困之际地缘战略的新情况，底下实为帝国情结作祟使然。旧舞台，老唱本，新演员。置此情形下，在一些境外观察者看来，似乎随着中国复兴势头汹涌，中华帝国亦呈王者归来之势。为此，中国恰恰需要避免此一险境与陷阱，而以内政优先，在解决好内政问题之际，再图施展也。没有优良内政与经济的持续增长垫底，在国家间政治上也不会有吸引力与发言权，复兴与崛起云乎哉。

毕竟，吾中华全境，尚有数千万同胞未脱贫困，几千万留守儿童失学失养，数千万残障人士需要扶助，以亿万计的同胞面临养老问题，更不用说时闻因为贫病交加而一家自杀的惨剧，则全体国民多少年苦下来，累下来，就攒了这么点儿的家当，怎好为了满足千古一帝的伟大梦想，拿到世界各地挥霍充冤大头呢？！

三、三大原因

上述五点表现和五点后果，至少披露了下列三个问题。

第一，现有政体及其高层缺乏历史感与历史理念，对于具有道义感召力的历史愿景未能以政治布局做出应有回应。一部中国近代历史，整整一百七十八年，是秦汉大变之后中国历史上的第二次大转型，也是十六、七世纪初起始于地中海文明、大西洋文明的现代文明秩序铺展开来以还，在东方的一次最为伟大的呈现，而正在引领出一个太平洋文明时代。这是世界历史大趋势，没人能够抗拒。因此，无论是清末拟定的九年预备立宪，还是民国政制设想的"军政、训政与宪政"三步走方案，都有一定的历史观，而表诸"路线图"与"时间表"。后来共产党闹革命，追求从社会主义到共产主义，以及有关社会主义初级阶段与高级阶段之分，对错另当别论，都还表明具有一定的历史感与历史观，体现了一种基于历史自觉的政治自觉。但是，此时此刻，我们除了看到"两个一百年"这种技术性表述外，看不到历史观，未曾触发历史感。各位，除非是完成现代转型、历史已然终结的国族，只需孜孜于具体公共政策层面，否则，历史观、历史感与历史愿景的阙如，是政治之大病，也是国族心智羸弱与文明乏力之败象，表明前景不明之际，既无心也无力，则市侩政治与平庸政治借助

123

权力政治统辖社会，必至极权登场，而白茫茫大地也。也正因为此，上述后果和全面内战态势，遂应运而生。

第二，当下中国缺乏国家哲学，缺乏对于国家理性的拷问、提炼与政治表达，也缺乏健全启蒙了的公民理性来制约和导引国家理性。执政党十八届四中全会提出建立现代治理体系，可谓顺应时势与人心。但现实情形却是，由于意识形态再度逐渐收拢，底层创造力受压，僵化体制反而复归，其表现为上述文革式思维与行为方式再度登场，内里则是因为当下中国缺乏国家哲学和对于国家理性的深层次理论拷问和思想提炼，精神贫血困乏，有以然哉，所以然哉。其结果是，"建立现代治理体系"蜕变成强化网控、多装监控摄像头的数据极权。就此而言，中国文明的法政哲学、历史沉思与伦理追问，正需卧薪尝胆，以在境性成熟思考，支撑起大转型所需之心智与心性，而不当再祭敌我矛盾与斗争哲学大旗，摧残正在发育涵养，而有望蓄势待发的汉语思想，打压天下读书人的自由思考也。

第三，值此历史关键时刻，当下政体缺乏道义动机与基于现代中国历史意识的政治担当。此一道义动机和政治担当非他，就是以中华文明的复兴为己任，以全体十四万万中国人的福祉为福祉，而非以一党一派利益为归属。而十四万万中国人民的最大福祉，不外是在依归现代文明普世价值的意义上，追求富强、民主与文明，营建自由、平等与安宁的生活方式，在此刻往下的一、两代人时段内，最终完成这一波历史大转型，而缔造一个"立宪民主、人民共和"的现代中国。而恰恰是在这一点上，由于历史观阙如，导致道义动机萎靡，故而，未能强毅力行，肩负起这一历史担当、道义担当和政治担当，则行百里者半九十矣。

四、新南巡

几年前，大家焦虑的是改革往哪儿改，怎么改，怎么改得这么慢。毕竟，自1860年开启洋务运动以来，"改革开放"及其所确立的基本路向、理念和愿景，是中国现代政治的主流历史意识，也是中国近代历史的主流政治意志，虽几经反复，迭遭波折，却不绝如缕，终究汇聚成长河大波，汹涌澎湃。但是，仅仅过了两、三年，在一片欢呼声中，历经一百多年的奋斗，尤其是三十多年的改革开放，没料想，今天我们的担忧变成了"怎么在倒退、为什么会倒退、不知道还会退到哪一步？"这样的恐慌和忧惧。

这是为什么？

当然，大面儿上来说，它源于世事与时势，而辗转为今天的形势。而今天的形势，凡此不进则退与普遍担忧，正如执政党的判断，实际上表明中国的经济社会和政治发展到了一个关键时刻，各种矛盾汇聚，却又未能正面迎应，有以然哉。也就是说，超逾一个半世纪的中国长程大转型，一个秦汉以来最为浩瀚而剧烈的大转型，到了最后的收尾阶段，一个即将水落石出的收束时刻。因此，各种矛盾积聚其实早已提示出了核心所在，而必得有所取舍，遂有"决战时刻"一说，乃顺理成章。细言之，"发展经济社会、建构民族国家、提炼优良政体与重缔意义秩序"，揆诸凡此"中国问题"的四大义项与意向，历史进程正走到了"提炼优良政体"这一关键时刻，亟需以启动民主政治来正面迎应，而非虚与委蛇，甚或逆潮流而动。因而，同样不言自明的是，其之特别需要道义担当和政治决断，既在应对眼前困境，更在导向最终走出"历史三峡"这一历史大势，更且顺理成章。

就世界体系与全球秩序而言，战后维持了七十年的雅尔塔体系摇摇欲坠，因此，世界向何处去，同样面临拷问。大国小国，都不安。大国负担重，转型中的大国身心有待发育健全，却又无法推脱大国负担，仿佛更且不安。从内政看，离心力进一步强化，全面内战状态初现端倪，加剧了这一不安。凡此表明，的的确确，所谓的"改革开放"，换言之，中国的大转型，到了紧要的关头，也是最后的收束杀青关头。

在这样一个历史关头，需要启动"新南巡"，以击退极左思潮与极左势力，化解文革式社会政治状态与全面内战之忧。

1992年春，邓公衰年力撑，浩然南巡，将中国从1989年后的三年徘徊倒退期中扭转过来，重新踏上改革开放征程。正所谓改革的刽子手往往是改革的政治遗产的执行人。从 2013 年 11 月的执政党十八届三中全会，到此后的四中、五中全会，于现代立国理政诸端，无论是理念还是具体指向，多所建树。但是，如前所述，问题在于落实，如何经由制度实践，才不至于不仅不见落实，反而只见倒退，才是问题所在。而眼面前横亘在国人心头的倒退之忧，恰恰说明时势危急，确乎到了需要启动新南巡的时候了。

说"新南巡"，不是说要某个人站出来，往南溜达，毋宁，是指需要发动这一意念，表达这样的政治担当、道义担当和历史担当，以政制的动员力兑现政治，从而扭转改革颓势。有人以"正在下一盘大棋"为譬，吾不知真假，难以置喙。但是，若果真是一盘大棋，无论棋手何人，则什么棋都比不上富强、民主与文明维度中的"立宪民主，人民共和"这个如来佛手掌大，而需要奋起击退极左思潮与极左势力，启动"第四波改革开放"，以最终完成中国近代这一波大转型。悠悠万事，唯此为大。而当务之急，是要摒弃内政意义上的敌我理念与斗争哲学，以改革开放的实际举措，消除关于中国可能会陷入全面内战这一普遍忧惧。

整整一年前，笔者发表"重申共和国这一伟大理念"一文，为"文革"式社会政治状态的悄然回归而预为警怵。不料，一年来的情势发展，恰恰不幸而言中，实在是意料之中而情理之外。此时此刻，撰写本文，愈发忐忑，为"全面内战"忧心忡忡，则但愿所言落空，至少，经济不至于继续下滑，而官民两造幸甚，苍生有福，在下一介良民，教书匠，不想惹事，安稳吃饭睡觉也！

> 2017 年 1 月 16 日修订，
> 时雾霾锁城，窗外雪花纷飞。

附录 III　愤怒的人民已不再恐惧[29]

目录

【**内容提要**：大疫之下，国朝政政治败坏，政体德性罄尽。其之垄断一切、定于一尊的"组织性失序"和只对上负责的"制度性无能"，特别是孜孜于"保江山"的一己之私而置亿万国民于水火的"政体道德性败坏"，致使人祸大于天灾，在将政体的德性窳败暴露无遗之际，抖露了前所未有的体制性虚弱。與此同时，僭主政治下，政制溃败，三十多年的技术官僚体系终结。伴随著内廷政治登场，以"大数据极权主义"及其"微信恐怖主义"治国驭民，锁闭一切改良的可能性。由此顺流直下，中国再度孤立于世界体系。至此人祸之灾，于当今中国伦理、政治、社会与经济，甚于一场全面战争。而愤怒的人民将不再恐惧，则其败象已现，倒计时开始，中华文明立宪时刻将至。】

---

[29] 发表于 2020 年 2 月 4 日，陈兄天庸先生奋力广佈于网络。

二月。墨水足够用来痛哭，
大放悲声抒写二月，
一直到轰响的泥泞，
燃起黑色的春天。
——帕斯捷尔纳克

豕鼠交替之际，九衢首疫，举国大疫，一时间神州肃杀，人心惶惶。公权进退失据，致使小民遭殃，疫疠散布全球，中国渐成世界孤岛。此前三十多年"改革开放"辛苦积攒的开放性状态，至此几乎毁于一旦，一巴掌把中国尤其是它的国家治理打回前现代状态。而断路封门，夹杂着不断发生的野蛮人道灾难，迹近中世纪。原因则在于当轴上下，起则钳口而瞒骗，继则诿责却邀功，眼睁睁错过防治窗口。垄断一切、定于一尊的"组织性失序"和只对上负责的"制度性无能"，特别是孜孜于"保江山"的一己之私而置亿万国民于水火的"政体道德性败坏"，致使人祸大于天灾，在将政体的德性窳败暴露无遗之际，抖露了前所未有的体制性虚弱。至此，人祸之灾，于当今中国伦理、政治、社会与经济，甚于一场全面战争。再说一遍，甚于一场全面战争。此可谓外寇未逞其志，而家贼先祸其国。老美或有打击中国经济之思，不料当轴急先锋也。而其间因果辗转，势亦必祸延全球。尤其是疫疠猖獗当口，所谓"亲自"云云，心口不一，文过饰非，无耻之尤，更令国人愤慨，民心丧尽。

是的，国民的愤怒已如火山喷发，而愤怒的人民将不再恐惧。至此，放眼世界体系，揆诸全球政治周期，综理戊戌以来的国情进展，概略下述九项，兹此敬呈国人。

一、政治败坏，政体德性罄尽

保家业、坐江山，构成了这一政体及其层峰思维的核心，开口闭口的"人民群众"不过是搜刮的税收单位，数目字管理下的维稳对象和"必要代价"，供养着维续这个极权政体的大小无数蝗虫。公权上下隐瞒疫情，一再延宕，只为了那个围绕着"核心"的灯红酒绿、歌舞升平，说明心中根本就无生民无辜、而人命关天之理念，亦无全球体系中休戚相关之概念。待到事发，既丢人现眼，更天良丧尽，遭殃的是小民百姓。权力核心仍在，而低效与乱象并生，尤其是网警效命恶政，动如鹰犬，加班加点封锁信息，而信息不胫而走，说明特务政治临朝，国安委变成最具强力部门，虽无以复加，却已然前现代，有用复无用矣。其实，老祖宗早已明言，防民之口甚于防川，哪怕网信办再有能耐，也对付不了十四万万张嘴，古人岂余欺哉！盖因一切围绕江山打转，自以为权力无所不能，沉迷于所谓"领袖"之自欺，而终究欺瞒不住。大疫当前，却又毫无领袖德识，捉襟见肘，累死前方将士，祸殃亿万民众，却还在那里空喊政治口号，这个那个，煞有介事，令国人齿冷，让万方见笑。此亦非他，乃政体之"道德性败坏"也。若说七十年里连绵灾难早已晓瑜万众极权之恶，则此番大疫，更将此昭显无遗。惟盼吾族亿万同胞，老少爷们，长记性，少奴性，在一切公共事务上运用自己的理性，不要再为极权殉葬。否则，韭菜们，永难得救。

二、僭主政治下，政制溃败，三十多年的技术官僚体系终结

曾几何时，在道德动机和利益动机双重驱动下，一大批技术官僚型干才上阵，而终究形成了一种虽不理想、弊端重重、但却于特定时段顶事儿的技术官僚体系。其间一大原因，就在于挂钩于职位升迁的

政绩追求，激发了贫寒子弟入第后的献身冲动。至于抢占先机乘势而上、籍由体制资源巧取豪夺的红二们，从来尸位素餐，酒囊饭袋，成事不足败事有余，在此不论。可惜，随着最近几年的不断整肃，红色江山老调重弹，只用听话的，自家的，其结果，技术官僚体系的德性与干才，其基于政绩升迁的那点儿冲动，不知不觉，乃消失殆尽。尤其是所谓"红色基因"的自家人判准及其圈定，让天下寒心而灰心，进而，离德离心。于是，这便出现了官场上普遍平庸而萎顿委琐之态。鄂省乱象，群魔乱舞，不过一隅，其实省省如此，举朝如此矣。其间原因，就在于这个后领袖时代，领袖制本身就在摧毁治理结构，口言现代治理却使整个国家治理陷入无结构性之窘境。此间症状，正为"组织性失序"和"制度性无能"。君不见，惟一人马首是瞻，而一人暝瞢，治国无道，为政无方，却弄权有术，遂举国遭罪。百官无所适从，善者只堪支应，想做事而不敢做事，恶者混水摸鱼，不做事却还揽事，甚而火中取栗，遂劣胜优汰，一团乱象矣。

三、内政治理全面隳颓

由此急转直下，遂表现为下述两方面。一方面，经济下滑已成定势，今年势必雪上加霜，为"风波"以来所未有，将"组织性失序"和"制度性无能"推展至极。至于举国信心下跌、产权恐惧、政学愤懑、社会萎缩、文化出版萧条，惟剩狗屁红歌红剧，以及无耻文痞歌功颂德之肉麻兮兮，早成事实。而最为扼腕之处，则为对于港台形势之误判，尤其是拒不兑现基本法的普选承诺，着着臭棋，致使政治公信力跌至谷底，导致中国最为富庶文明之地的民众之离心离德，令世界看清这一政体的无赖嘴脸。那边厢，中美关系失序，而基于超级大国没有纯粹内政的定律，这是关乎国运之荦荦大端。恰恰在此，当轴颟顸，再加上碰到个大洋国的特没谱，遂一塌糊涂。网议"帝国主义亡我之心不死"，想做而没做成的事，却让他做成了，岂只调侃，而实锥心疼痛也哉。另一方面，几年来公权加紧限制与摧毁社会发育，钳口日甚，导致社会预警机制疲弱乃至于丧失，遇有大疫，便从封口而封城，死心复死人矣。因而，不难理解的是，与此相伴而来的，便是政治市侩主义与庸俗实用主义蔓延政治，无以复加，表明作为特殊时段的特殊现象登场的"知青政治"，早已德识俱亡。可以说，上上下下，他们是四十年来最为不堪的一届领导。因而，此时此刻，兑现《宪法》第35条，解除报禁，解除对于网络的特务式管控，实现公民言论自由和良心自由，坐实公民游行示威和包括结社在内的各项自组织权利，尊重全体国民的普遍人权，特别是政治普选的权利，而且，对于病毒的来源、隐瞒疫情的责任人及其体制性根源，启动独立追责机制，才是"战后重建"之大道，也是当务之急也。

四、内廷政治登场

几年来的集权行动，党政一体之加剧，特别是以党代政，如前所述，几乎将官僚体制瘫痪。动机既靡，尾大不掉，遂以纪检监察为鞭，抽打这个机体卖命，维续其等因奉此，逶迤着拖下去。而因言论自由和现代文官体制阙如，更无所谓"国王忠诚的反对者"在场，鞭子本身亦且不受督约，复以国安委一统辖制下更为严厉之铁腕统领，最后层层归属，上统于一人。而一人肉身凡胎，不敷其用，党国体制下又无分权制衡体制来分责合力，遂聚亲信合议。于是，内廷生焉。说句大白话，就是"集体领导"分解为"九龙治水"式寡头政制失效、相权衰落之际，领袖之小圈子成为"国中之国"，一个类似于老美感喟的隐形结构。揆诸既往，"1949政体"常态之下，官僚体系负责行政，纵便毛时代亦且容忍周相一亩三分地。"革委会"与"人保组"之出现，打散这一结构，终至不可维持。晚近四十年里，多数时候"君相"大致平衡，党政一体而借行政落实党旨。只是到了这几年，方始出现这一最为封闭无能、阴鸷森森之内廷政治，而彻底堵塞了重建常态政治之可能性。一旦进路闭锁，彼此皆无退路，则形势紧绷，大家都做不了事，只能眼睁睁看着情形恶化，终至不可收拾之境。置此情形下，经济社会早已遭受重创，风雨飘摇于世俗化进程中的伦理社会不堪托付，市民社会羸弱兮兮，公民社会根本就不存在，至于最高境界的政治社会连个影子也无，则一旦风吹草动，大灾来临，自救无力，他救受阻，必致祸殃。此番江夏之乱，现象在下，而根子在上，在于这个孜孜于"保江山，坐江山"，而非立定于人民主权、"以文明立国，以自由立国"的体制本身。结果，其情其形，恰如网议之"集中力量办大事"，顿时变成了"集中力量惹大事"。江夏大疫，再次佐证而已矣。

五、以"大数据极权主义"及其"微信恐怖主义"治国驭民

过往三十多年，在底色不变的前提下，官方意识形态口径经历了从"振兴中华"的民族主义和"四化"的富强追求，到"三个代表"和"新三民主义"，再至"新时代"云云的第次转折。就其品质而言，总体趋势是先升后降，到达"三个代表"抛物线顶端后一路下走，直至走到此刻一意赤裸裸"保江山"的"大数据极权主义"。相应的，看似自毛式极权向威权过渡的趋势，在"奥运"后亦且止住，而反转向毛氏极权回归，尤以晚近六年之加速为甚。因其动用奠立于无度财政汲取的科技手段，这便形成了"1984"式"大数据极权主义"。缘此而来，其"微信恐怖主义"直接针对亿万国民，用纳税人的血汗豢养着海量网警，监控国民的一言一行，堪为这个体制直接对付国民的毒瘤。而动辄停号封号，大面积封群，甚至动用治安武力，导致人人自危，在被迫自我审查之际，为可能降临的莫名处罚担忧。由此窒息了一切公共讨论的思想生机，也扼杀了原本应当存在的社会传播与预警机制。由此，"基于法日斯主义的军功僭主政治"渐次成型，却又日益表现出"组织性失序"和"制度性无能"，其非结构性与解结构性。职是之故，不难理解，面对大疫，无所不能的极权统治在起起君临一切的同时，恰恰于国家治理方面居然捉襟见肘，制造大国一时间口罩难求。那江夏城内，鄂省全境，至今尚有无数未曾收治、求医无门、辗转哀嚎的患者，还不知有多少因此而命丧黄泉者，将此无所不能与一无所能，暴露得淋漓尽致。盖因排除社会与民间，斩断一切信息来源，只允许党媒宣传，这个国家永远是跛脚巨人，如果确为巨人的话。

六、底牌亮出，锁闭一切改良的可能性

换言之，所谓的"改革开放"死翘翘了。从 2018 年底之"该改的""不该改的"与"坚决不改"云云，至去秋十九届四中全会公报之诸般宣示，可得断言者，中国近代史上的第三波"改革开放"，终于寿终正寝。其实，这一死亡过程至少起自六年前，只不过至此算是明示无误而已。回头一望，二十世纪全球史上，但凡右翼极权政治，迫于压力，皆有自我转型的可能性，而无需诉诸大规模流血。纵便是"苏东波"，尤其是东欧共产诸国等红色极权政体，居然亦且和平过渡，令人诧异而欣慰。但吾国刻下，当局既将路径锁闭，则和平过渡是否可能，顿成疑问。若果如此，则"兴，百姓苦；亡，百姓苦"，夫复何言！但愿此番大疫过后，全民反省，举国自觉，看看尚能重启"第四波改革开放"否！？

七、由此顺流直下，中国再度孤立于世界体系，已成定局

百多年里，对于这个起自近代地中海文明、盛极于大西洋文明的现代世界体系，中国上演了多场"抗拒"与"顺从"的拉锯战，反反复复，跌跌撞撞。晚近三十多年里，痛定思痛，"低头致意"以及"迎头赶上"，乃至于"别开生面"，蔚为主流。惜乎近年再度犯二，犯横，表明"改开"走到头了，左翼极权"退无可退"，无法于和平过渡中完成自我转型，因而，也就怪异于现代世界体系。虽则如此，总体而言，几番拉锯下来，中国以其浩瀚体量与开放性态度，终于再度跻身现代世界体系，成为这个体系的重要博弈者，重新诠释着所谓"中心—边缘"的地缘叙事，也是事实。但是，与国力和时势不相匹配、太过张扬的外向型国策，尤其是内政回头，日益"法日斯化"，引发这个体系中的其他博弈者对于红色帝国崛起的戒慎戒惧，导致在高喊"人类命运共同体"之际却为共同体所实际拒斥的悲剧，而日呈孤立之势，更是眼面前的事实。

事情很复杂而道理却很简单，一个不能善待自己国民的政权，怎

能善待世界；一个不肯融入现代政治文明体系中的国族，你让人怎么跟你共同体嘛！故尔，经济层面的交通互存还将继续存在，而文明共同体意义上的孤立却已成事实。此非文化战争，亦非通常所谓"文明冲突"一词所能打发，更非迄今一时间数十个国家对中国实施旅行禁限，以及世界范围的厌华、拒华与贬华氛围之悄悄潮涨这么简单。——在此可得提示者，隐蔽的"黄祸"意识势必顺势冒头，而买单承受歧视与隔离之痛的只会是我华族同胞，而非权贵——毋宁，关乎对于历经磨难方始凝练而成的现代世界普世价值的顺逆从违，而牵扯到置身列国体系的条约秩序之中，吾国吾族如何生存的生命意志及其国族哲学，其取舍，其从违。在此，顺昌逆亡，则所谓孤立者，全球现代政治文明版图上之形单影只、孤家寡人也。

扭转这一局面，重建负责任大国形象，担负起应担之责，而首先自良善内政起始，必然且只能皈依人类普世文明大道，特别是要坐实"主权在民"这一立国之本。在此，内政，还是内政，一种"立宪民主，人民共和"的良善政体及其有效治理，才是摆脱孤立、自立于世界体系的大经大法，而为国族生存与昌盛之康庄大道也。那时节，顺时应势，中国加入 G7 而成 G8，亦且并非不可想象者也。

八、人民已不再恐惧

而说一千道一万，就在于生计多艰、历经忧患的亿万民众，多少年里被折腾得一佛升天二佛出世的"我们人民"，早已不再相信权力的神话，更不会将好不容易获得的那一丝丝市民自由与三餐温饱的底线生计，俯首帖耳地交还给僭主政制，任凭他们生杀予夺。毋宁，尤其是经此大疫，人民怒了，不干了。他们目睹了欺瞒疫情不顾生民安危的刻薄寡恩，他们身受着为了歌舞升平而视民众为刍狗的深重代价，他们更亲历了无数生命在分分钟倒下，却还在封号钳口、开发感动、歌功颂德的无耻荒唐。一句话，"我不相信"，老子不干了。若说人心看不见摸不着，最最无用，似乎经验世界早已对此佐证再三，也不无道理。这不，万民皆曰可杀，他却坐享天年，如那个人人唾骂之李大鸟者，令人感慨天不长眼，天道不公，可实际上，天是苦难本身，与我们一同受罪，并因苦行与受难而获得尊严，乃至于神圣化。但是，假如说人之为人，就在于人人胸腔里跳动着一颗人心，而非狼心狗肺，其因生老病死而悲欣交集，其因祸福义利而恨爱交加，其因落花而落泪、流水而伤怀，则人心所向，披荆斩棘，摧枯拉朽矣！人心丧尽之际，便是末日到来之时！至于"脑残"与"岁月静好婊"们，一群乌合之众，历史从来不是他们抒写的，更不因他们而改变奔流的航道，同样证之于史，不予欺也。而就如十九世纪德意志诗人施托姆所言，"下等俗众与专制统治是亲密的兄弟"，只能有待自由——并且唯有自由——令一个民族超越俗众。

九、败象已现，倒计时开始，立宪时刻将至

戊戌修宪，开启邪恶之门，集权登顶之际，恰恰是情势反转之时。自此一路狂奔倒退，终至败象连连。撇开人心已丧不论，则前文叙及之港台应对失策与中美关系失序，以及经济下滑之不可遏止、全球孤立，表明治理失败，违忤现代政治常识的极权强人政治事与愿违。大家面对闷局而恐惧其已成僵局，苦思焦虑其开局与再布局，期期于"内部生变式"与"自下而上式"之破局犹如水中捞月之时，港台形势发展实已自边缘捅破铁桶，而开辟出一线生机。此种自边缘破局、而渐进于中心的和平过渡之道，或许，将成为中国式大转型的收束进路。此时，吾友所说之"难城"，或为华夏旧邦新命之耶路撒冷。换言之，边缘突破意味着现代中国的立宪时刻再度即将降临。当此关口，天欲晓，将明未明，强权抱残守缺，不肯服膺民意，则崇高之门既已打开，可得预言者，必有大量身影倒毙于黎明前矣。

******

以上九点，呈诸国民，均为常识。而一再申说，就在于国家治理未入常态政治轨道，国族政治文明有待现代转型，必须于积善前行中，期期以"立宪民主，人民共和"收束这波已然延续一个半世纪的文明大转型。正是在此，我们，"我们人民"，岂能"猪一般的苟且，狗一样的奴媚，蛆虫似的卑污"？！

行文至此，回瞰身后，戊戌以来，在下因言获罪，降级停职，留校察看，行止困限。此番作文，预感必有新罚降身，抑或竟为笔者此生最后一文，亦未可知。但大疫当前，前有沟壑，则言责在身，不可推诿，无所逃遁。否则，不如杀猪卖肉。是的，义愤，如西哲所言，正是义愤，惟义与愤所在，惟吾土先贤揭橥之仁与义这一"人心人路"之激荡，令书斋学者成为知识分子，直至把性命搭进去。毕竟，自由，一种超验存在和行动指归，一种最具神性的世界现象，是人之为人的禀赋，华夏儿女不能例外。而世界精神，那个地上的神，不是别的，就是自由理念的绚烂展开。如此，朋友，我的亿万同胞，纵然火湖在前，何所惧哉！

脚下的这片大地啊，你深情而寡恩，少福却多难。你一点点耗尽我们的耐心，你一寸寸斫丧我们的尊严。我不知道该诅咒你，还是必须礼赞你，但我知道，我分明痛切地知道，一提起你，我就止不住泪溢双眼，心揪得痛。是啊，是啊，如诗人所咏，"我不要温和地走进那个良夜，老年应当在日暮时燃烧咆哮；怒斥，怒斥那光明的消逝。"因而，书生无用，一声长叹，只能执笔为剑，讨公道，求正义。置此大疫，睹此乱象，愿我同胞，十四万万兄弟姐妹，我们这些永远无法逃离这片大地的亿万生民，人人向不义咆哮，个个为正义将生命怒燃，刺破夜瘴迎接黎明，齐齐用力、用心、用命，拥抱那终将照耀这片大地的自由的太阳！

庚子正月初四初稿，

初九定稿，窗外突降大雪

附录 IV　世界文明大洋上的中国孤舟

全球体系背景下新冠疫情的政治观与文明论

目　录

【内容提要：国朝抗疫调动了恐慌政治、苦难政治与拯救政治，展现了极权政治的路径依赖，暴露出华夏中国依旧是文明小国的残酷现状。因着中国的国家信誉扫地，中国之为一个政治单元再度空前孤立于世界体系，民生国运乃双双危殆。与此同时，大疫撬动了潜藏已久、伺机而动的文明论疏离与种族论敌意，特别是全球性普遍政治觉醒与意识形态复苏，意味着新一轮重塑世界秩序的精神进程已然开启，而必将进境于实际的政治进程。当此之际，中国需要建设良政的国家理性，以真相与责任奠立政治基础。】

要把我的歌儿唱完
不吐出最后一个字
绝不停止哭泣
　　——【苏联】瓦尔拉姆·沙拉莫夫
　　（转引自索尔仁尼琴《古拉格群岛》）

冬去春来，举世皆疫，死伤枕籍，人间停摆。其所造成的全球社会性隔离，一种"人类的消失"与"世界的陨落"景象，其所撬动的潜藏已久、伺机而动的文明论疏离与种族论敌意，特别是它将政治的原始本质情境性地再度悍然裸呈，以及霸权秩序的颓然衰落所造成的国际无政府状态之初露端倪，伴随着全球性普遍政治觉醒与意识形态复苏，正在进一步逼迫着我们反思人间秩序的政治涵义及其文明指向，不得不直面并重述古老的政体之辩。由此，新一轮重塑世界秩序的精神进程已然开启，而必将进境于实际的政治进程。

置此情形，全球厌华效应第次发酵，对于共产极权体制终于重生应有之政治警觉，而中国的国家信誉扫地，中国之为一个政治单元再度空前孤立于世界体系，民生国运乃双双危殆矣。——几年来内政外交的持续倒退，尤其是内政之向毛氏恶政暗黑深渊倒行逆施，卯足劲儿作呀作，早已引致广汎不满与普遍危机，而终究将必须建设中华文明宪政秩序方能建成现代中国这一现代立国的普世原典问题，再度进一步鲜明呈现于国人面前。换言之，这个世界于可见未来，中国则值此当下，究竟将会迎来与应儹具有何种政治方式与生活方式，轰然大疫提示再再，而到关头矣。

当此危急存亡之际，书生天命，有话要说，不得不说。一己生命虽必殒落，明晨天际照旧一抹熹微，则存在不存，而存在永在。

一、恐慌政治、苦难政治与拯救政治

大疫以来，历经前期钳口锁喉、欺瞒作伪，后期一刀切全权维稳式举国发动，以万户萧疏、人人禁足为代价，国朝战疫已见成效，甚为显然。但因信息屏蔽，唯上是从，决策过程藏于宫闱，社会监督阙如，下层官员战战兢兢束手束脚，则后续效果难料，必有反复，同样难出意外。在此，监控型国家自上而下层层辖制，公权几乎不受限制，国民慑于恐惧而惯于听话服从，一时间内，列宁式政党的政制效能凸显，本不足奇。如本文后续所论，政治关乎良政，政制则唯善治马首是瞻，善治此刻主要表现为效能，而效能在于瞬间令万民禁足。刻下日常所谓"国家治理"云云，其实通常就是在抽离了良政这一基础之后，于此层面擘画。而这恰恰是某些公共危机时刻警察监控型体制的拿手好戏。看看北韩，闭关锁国，整齐划一，人人站得笔直，更且一目了然。

相对而言，立宪民主政体赋权有限，社会发达而政府公权多所收敛，进入战时状态的程序性条件苛刻，决策机制启动有待于协商政治赋能，短时间内可能反不若威权政体之雷厉风行。倘若遇到川建国式昏君及其极化党争，心有旁骛、懈怠疏忽却又自以为是，则立宪民主体制优势尽失，却又无威权体制的战时效能，则情形势必一塌煳涂。实际上，整个欧美此番预警不足，初期懈怠失措，多少反映了此为"黄种人问题"这一隐秘内心的文明论预设。此于日本财相麻生太郎年初七国财长峰会上的遭遇可证。相较而言，在现代民族国家建构层面，中国并非失败型国家，架构于此国家之上的威权政制，凭藉此种国家能力之无度财政汲取，喂养强大安保力量以为后盾，用国安纪检鞭伐官僚甚至直接取代官僚，因而更加强悍，加上这几十年人民血汗充实了国库，则战时机制一旦发动，短期效应突出。比诸今日之左翼极权，旧日老蒋统治蔚为右翼威权，而"国家治理"捉襟见肘，就在于其时现代民族国家建构基础初奠，只是个挂一漏万、摇摇晃晃的大架子，工商经济甫开其头，财力人力均不敷利用，"力量"与"雅量"两阙，这便有以然哉，所以然哉。

也就因此，庚子春节翌日一纸封城，顿时举国禁足，考绩体制下唯恐疏漏，因而甚至层层加码，过犹不及。这边厢，百姓诺诺，源于一个"怕"字。不仅恐疫，更且惧官，连一瞬间彷佛获得执法权、权威加身的小区物业保安都怕，生怕行止失措而罹祸也。祸者，不仅是疫，更且为罚，一种极具任意性的、随时可能加诸身心的强制。实际上，也确曾普遍发生了安保村干过度"执法"实例。君不见，当此之际，多少行政举措说来就来，运动式，无所谓法制不法制矣。至于其之涉及中西生命哲学差异而导致生命政治态度有别，进而波及公共危机的应对方式，亦且甚为显明，后文还将有所论及。网议以民众「怕死」与否解释中西国民面临疫症时对于常态社会性生活之趋避，可作侃大山一乐，却当不得真的。都怕事，都怕死，只不过外在体制及其释放的信息不同，导致心理感受的恐慌程度与指向有别，以至于民情之万里不同风也。至于那些已然置身大疫，而懵然不知，却娇然"我们相信政府"的大妈们，十足典型的愚民教育的痴儿，连"奶头乐"们都不如，不足论也。

正是在此情境下，一俟封城，有限公佈疫情，国朝上下乃娴熟运用恐慌政治，利用苦难政治，营造拯救政治，最终烘云托月般炮製出领袖政治这一神话。封城之后全民恐慌，于是全面收紧行止，恐慌因信息有限而发展成普遍恐惧。因恐惧而愈发依赖公权，只能服从，更加服从，后者乃于彷佛承担无限责任之际，予取予夺，万民俯首帖耳矣。国家和人民，就这样活生生惨遭绑架，而党国独大哉。其实，此番大疫，逝者已矣，伤者自舐，举国百姓克制自奉，万户萧瑟，承受了最大牺牲。如此这般，官宣对于实际疫情消长及其碾压之下患者长街求医的惶然窘迫情形之屏蔽，对于医护仁心智勇的选择性报道之引向电视荧屏前的开发感动，对于所谓"火线入党、院士领头宣誓"的赫然镜像的正面堂皇渲染，以及后来有关欧美应对失措之沾沾自喜、喋喋不休大幅报道，凡此信息披露之选择及其指向，悉数利用苦难，旨在维护永远无错的光辉形象，塑造这艘烂船从来踏波前行、力挽狂澜的神话，引向"万众一心、同赴国难"的公共诉求，以及追随领袖的政治寓意，而全然不论是谁造成了"国难"，为何一而再、再而三地有如此之多的"国难"。虽说一厢情愿，可笑荒唐，但经此辗转，不仅一定程度上似乎于普罗大众感官层面成功将丧事扮成了喜事，而且活生生将作孽者变成了拯救者，令播散人祸、文过饰非的恶棍，摇身一变而为救苦救难的天使，进而，彷彿一时间消泯了对于天灾人祸根源之追根究底的任何可能性，特别是就此斩断了最高政治责任的因果链条。逮至疫情稍缓，情形似乎是，朝野上下，官民两头，悉数希望尽快做一了结，以告别这生命不堪承担之重。至于痛定思痛，追根究源，仅限于推导至大疫首发地之中低层级"官僚主义"者也，一旦稍有溢出，便成禁忌。

本来，匆匆交卷，等于忘记了背面还有考题，实有待后续逐步加上补丁，不遑稍懈。但无法究源追责，等于埋下祸根，一旦因缘际会，旧疾还将发作。十七年间，中国两度爆发疫疠，波及东亚与世界，此番更是殃及全球，而最后实际都不了了之，反而高唱"赞歌"，叫嚣"战胜"，厚颜若此，死护着面子而其实颜面尽失，均属一种后文还将论及的极权政治路径依赖，教训在此，令人浩叹。

这样，自始至终，伴随着钳口锁喉的是官媒文宣之紧锣密鼓。实际上，早在疫情正酣、人血喷流之际，已有红彤彤《大国战役》刊行，令国人齿冷心寒。此后更有颂歌震天，塑造全知全能领袖光辉。无耻文人推衍"革命者人格"典范而指向"领袖型人物"结论，撒癔症，以此投名，为此张本。凡此颠倒黑白，虽说不出意料，却出乎情理，悖逆真理，面目可憎，最为令人恶心。——那些央视播音评论诸辈，年纪轻轻，面容姣好，嗓音优美，却心智暝懵，心志错乱，忸怩作态，为虎作伥，谎话连篇，狗嘴里吐不出象牙，令人反感，接近生理厌恶！难怪此前其后爆出那麼多男盗女娼。坊议所谓央视者，高官富贾之后宫也，概为恣语，而概为一般舆论矣！

至于其间大小汉语施密特们，或搬用"例外论"，或炒作拉丁左派陈词滥调，鹦鹉学舌，编写巨兽神话，操弄民族主义，煽忽革命人格，炒作中美对抗，织造中西明暗强弱寓言，开发感动，利用"钟南山—张伯礼"式巧伪之徒维稳白手套，白脸红脸，牵引盲众，种种伎俩，狡黠险恶，而又愚蠢无比，超越戈培尔，羞煞塔斯社，气死张春桥，却终究纸包不住火，更是不在话下。至于粗鄙下作文痞天天喊打喊杀，把核弹挂在嘴上，成事不足败事有余，民间称其"搅屎棍"，更不论矣。——一场本应赋予国族以生聚教训的苦难，似乎竟然就这样白白流逝了。

顺提一句，坊议辄谓"能爬到这个位置，说明还是有两把刷子的"。此论看似审时度势，世事洞明，人情练达，其实不过是一种事后追认式的成王败寇逻辑，唯权是从，逢王就跪。究其实，多数而言，"这两把刷子"要么依恃蓝色血液或者诸如"秘书"这类裙带关系，扶上马送一程，只要不是太傻都行。上位既易，则行云流水，少爷作风用于执政，百姓殃矣；要么凭藉逢迎熘鬚、人前人后那一套，展现的恰恰是劣胜优汰，令不幸混迹官场挣一份口粮的良心不泯、品格正派之士，只能甘具边缘；要么按部就班混年资，或者，天上掉馅饼，整个儿一个烟里烟涂。而一旦上位，等因奉此，知识增长停滞于学校毕业之日，心智与心志一边倒，唯一常习的便是官场文化，却因权位获得话语权，遂以发霉的旧货应对眼前的现实，除开绝对看上边眼色行事这一条牢记在心，其他早已朦憨，却又彷佛无所不能、无所不知矣。——对什么都敢"指示"，而且，都是"英明指示"，这本身就是最大的无知，愚妄可笑之至，却自上而下，层层上演，级级模彷。置此情形下，居然还好意思说"党政机关里有大量精英"，而非渣滓，其认知错位，自爱兮兮，令人作呕。

二、狰狞国家与极权政治的路径依赖

面对大疫，民族国家疆界及其地缘政治意义兀自凸显，立马取代跨国共同体，画地为牢，各自为政，以利己自保为最高准则。而且，其地理与法政意义超出文明论，也逸出政治意识形态。一国之内，亦以行政区划切割。人人自保，村村自保，国国自保，断航禁行，无不沿边界展开——家门、村口、省市区划与国境。更有甚者，大疫初期，竟然上演了地区规模乃至于国家层面抢夺拦截医护用品之丛林闹剧。换言之，国家政治中信誓旦旦的公民政治瞬间为生物政治所取代，国家间政治中的共同体概念面对"古老的"国家之强力地缘实存，即刻不攻自溃。置此情形，公民身份旦夕抽缩囘国民，国民再被迫萎缩为市民，市民蜷缩成属地的居民，居民蜕化为唯求保命的生民，甚而，具体到街区与门牌，竟至于绿码中的号码。真所谓画影图形，无所逃遁，天网在上（under his eyes）。大国家、大政府阴影下，公民个体不仅无法逃离国家，而且随居住地浮沉，仰其鼻息，讲述了一个政治不仅是和平共处的基本原始准则这一大是大非，而且道出了政治是围绕着国家这一法政共同体权力而展开、本来意欲铺排之、却不意为其所操控之异常尴尬。就是说，作为治理单元、受托对象的国家，变成了"赤裸国家"，人民回归"赤裸生命"，而委责于国家及其政府。国家及其政府呢，不论表面上或者现实中，乃君临一切矣。

正是在此，身处晚近三、四百年方始形成的这一地缘法政大框架中，彷佛坚不可摧的自由主义一己悲欢，已被大疫之下顿然现身之巨灵收拢于有形巨掌。威权国家本就无此政治底蕴，藉疫操练，驾轻就熟，无以复加，而人民从来都是"赤裸"的；立宪民主国家亦以"例外状态"应对，就其外溢效应而言，那历经沧桑的"民主国家阵营"一经大疫击打，其实早已落叶纷披，各顾各，硕果仅存的不过是萎缩为军事情报分享机制的"五眼联盟"，一个盎格鲁—撒克逊之上阵父子兵。既看不到全球民主国家之同仇敌忾，也难觅民主国家之声气相求，而原因不仅在于民族国家这个原始巨灵发力，现代国家的 1.0 版本（民族国家—文明立国）冲决了其 2.0 版本（民主国家—自由立国）的目标设置，而且，在于老美这个头号民主国家居然沦落为川普式的病夫治国，了无头号大国应有的胸襟与担当，曾几何时的"美国时代"也就彷佛要进入"后美国时代"了。美欧等地民众不时上街抗议个人自由受限，公民联邦彷佛依旧发力，而民粹与民主夹杂，反智与反暴混融，此间源流堪为索引。进而，诸种因素辐辏，导致虽然大疫将一损俱损的现象摆在眼前，而下文将要论及的"人类命运共同体"这一理念，无论是在本意还是引申意义上，均顷刻土崩瓦解。

的确，大疫之下，奠立于地缘政治的民族国家原形毕现，挥起了各扫门前雪的巨帚，高墙沿国境瞬间耸立，可堪讶异，却绝非意外也。不过，必须指出的是，此番应对大疫，北欧的瑞典和东亚的日韩新等国，中国的台湾地区，以色列与澳新诸邦，取法乎中，其方式，其理路，堪称典范，深值探究。香港这一原本治理优异之地，人财两丰，却失误连连，适为反例。当然，以色列常年处于战时或者准战时状态，其成功抗疫模式，难为其他常态国家所仿效，因而，可能也就仅具个案意义。——无论科技还是文化，此邦时常一骑绝尘，难以彷效矣。

就国朝情形而言，公权藉此进一步强化，呈现出救灾政治与治水社会的全副症状。但凡自上而下，级级发动，层层加码，举国同调，政治当头，罔视法制，宁左勿右，压抑民间，取消社会，以及钳口噤声、抓捕异议人士等等，悉数上演，彷佛无所不能，却又捉襟见肘。当然，无论怎样，"圣主英明，贪官有罪"这一条总是万变不离其宗；"上头政策好，下头执行歪了"还是永不言败的制胜法宝。华生兄的长文滔滔，处心积虑，为君上忧，不过为此精緻理论版本。其结果，如前所述，阻绝了究源追责的因果责任链条，是非难得清算，但等下次天灾人祸，一切照旧矣。非典而后新冠，居然接二连三爆发于崛起中的大国，一个确曾诚心希冀世界接纳的古老城邦，已然对此做出了最好说明。——行文至此，媒体报道三鹿事件重演，人间又现大头娃娃，再度对此慨然作证，岂一个痛字所能道尽。不过，话说回头，其间堪值凝视而思考者，乃面对汹涌民意，公权于李文亮大夫事件上急剧转身，说明人民一旦觉醒而不再恐惧，齐齐勇敢发声，则威权铁桶已然并非滴水不漏。总体而言，凡此极权政治的路径依赖，表明这个国族基于立宪民主的共和理路的现代治理，无论是菁英理念还是大众实践两端，均尚付缺如。应急性的准战时状态收拢了本就薄弱至极的民权，在初期略见零星异议以后，音消响歇，而权力万能与领袖全能的群众心理，蔚为一般国民意识，直将那如弱水泄沙般的公民观念，扫荡无余。

但是，另一方面，正是这场大疫，特别是它所暴露的一人至尊决策模式和以党为大的价值理念，不仅让精英阶层，也令一般民众恍然其良政不存的事实，惶然而恍然于公民面对撒谎成性的公权无所措手足、只能"它说啥就是啥"之无可奈何，更加明晰极权政治的威势及其致命弊害，而催生出对于"立宪民主、人民共和"之良政善治不可遏止之渴求。"党国"之为恶的实存，已然不容于民情，遂再度昭告于天下。毕竟，从疫情初露至封城前夕，钳口欺瞒，展示的是一种地域主权体为所欲为的整全性权力意志，而终亦必对于整个人类常规生态之随时肆意蹂躏的现实性，预演的是一种末日审判式毁灭政治，已然向全体人类敲响了警钟，而且，其实也敲响了自己的丧钟。否则，如诗人所咏，

> 被唤作正义的殿堂
> 一个土生土长的靡菲斯特穿着列宁装
> 把奥罗拉的孙辈送往旷野

　　其间沉渣汎起、接连发生的一种骚操作，一种转移视线的有效手段，也是帝制王朝政治最为邪恶的御民之术，同样是一种极权政治面对危机时的路径依赖，就是"群众斗群众的全面内战"。此刻，它表现为围绕着作家方方女士作品的争论竟至于批判而展开了。收放之间，或为灾情压顶、封城闭户时之悲情出口，或为疫情稍缓、开城启户后的民粹靶点，用亦用矣，弃亦弃焉，全在背后那个邪恶文宣，而有汹汹盲众如臂使指，更有落井下石者之推波助澜。一俟"方方热"冷，不足以鼓噪盲众，可以预言，必有"圆圆热"或者"团团热"等文宣沙尘暴取而代之，再度肆虐媒介，愚弄国民心智，荼毒国民心志。迄至本文杀青之时，背景深厚的盲众打头、而有官方文宣唆使的这出闹剧，正以"大数据极权主义及其微信恐怖主义"方式，扫描锁定，定点清除般地指向一个个直言教授。高校党政动如爪牙，最为卑鄙，"立即启动调查程序"。这样，全面内战终于从"批作家"发展为"斗老师"。——朋友，"1966"的情形，已然捲土重来矣！可以预言，纵便侥幸不至于即刻发展成全面"斗批改"，然而，值此情境下，人人自危，噤若寒蝉，从今往后，国朝高校必会更加死水一潭，所谓文化创造与中华文明复兴，从此不过梦呓，云乎哉！

　　本来，正常情形下，生命权和自由权之间的平衡首先表现为一种政治意识，而终究诉诸法权，必需也必有一个唯一标准答案。恐慌政治的邪恶在于混淆其间区际，将公民政治驱逐，令个体成为赤裸裸的生物存在，让生物政治学凌驾于一切德性之上，从而，将作为医学手

段的社会性隔离悄悄转化为政治性禁制。由此，将头号生存优先权赋予党国本身，一切围绕着党国之万世一系打转。吾国情形若此，大洋彼岸头号大国，此刻彷佛同然，第一生存优先权居然是激化党争下的连任愿景，一切围绕着选情打转，以连任为最高考量，其目光短浅，胸无大局，肩无担当，唯剩气急败坏，谎话连连，实在对不住自家人民和这个伟大邦国，可谓政制失败与民粹主义川普式窳政之登峰造极，虽良政而乏善治矣。究其实，同样是一种路径依赖，展现了帝国意志萎靡后的文明腐朽与民主体制运行既久、需除积弊而暂时无解之无效自救也。

在此，饶有意味的是，中文世界有一种叙事，其引欧洲舆议，认可国朝处置"紧急状态"的"决断能力"，指认此非全然政治意义上的剥夺自由，毋宁，乃医疗意义上的紧急处置。在它看来，新冠君临天下之际，"决断"是国家权力最为重要的能力。正是藉此能力，国朝迅即摆脱大疫所致"失序"之"例外状态"，率先回归常态。如其所述，法国哲学家巴迪欧就认为"例外状态"其实是一种正常状态，对此状态下的集权模式不应过分解读，因为不管是中国还是法国，这种"战争状态"中的应急手段其实是正常状态，而此时国家也必须紧急出场，显示为"赤裸国家"，亦即兑现霍布斯所谓国家最为基本的保护人民生命安全的功能。职是之故，此刻的国家权力是"中立的"，面向所有人。否则，反致更大灾难。国内所谓新儒者同样侃侃论权力及其决断的必要性，赤裸裸表达权力膜拜，一副乞灵于权力之脏兮兮可怜样儿。可问题在于，他们似乎均揣着明白装烟涂，此于欧美，或为例外状态，因而需要政治决断，而于国朝，则为常态，一种日常全面专政状态，不过于此再度放大而已。一个并无个人自由与立宪民主以为基础，并借此予以对冲的所谓"决断"，其实是为所欲为，至多"维稳"而已矣！再者，此集权非彼极权，政治决断亦绝非等同于"国家权力"实即政府权力之最为重要的能力，毋宁，后者乃为治理意义上的行政主导者。再说一句，行政执行力不等于政治决断力。诸如"封城"这样的决定是一种行政决策，而非政治决断。决断是也从来都是政治的权能，只掌握在最高主权者手中。刻下国朝最高主权者缺位，人民以及作为它的个体行动状态的选民不见踪影，则论者误将党国之专权当作最高主权者之"最为重要的能力",可谓昧矣,而巴迪欧们痴矣。至于说"尊重君子的儒家价值观"是"中国抗疫的文化密码",面对千千万万惨遭整肃、葬身沟壑的华夏读书人,面对李文亮们,真不知汉学家作者如何自圆其说!?

三、文明小国

大疫来临,一下子折射出中国依旧是文明小国与精神侏儒的窘迫。首先,现代政治文明阙如,致令政制难济政治困厄。人类的最高智慧是维续共同体和平共处的技艺,文明的最高成果在于确保其和平共处之良政,而它们不是别的,就是政治,尤其是现代政治文明之善果也。笔者屡叙现代国家前后递升的两个版本,理述国家理性的三个层面,综论"文明立国"与"自由立国"于建政立国之双元拱立的宪制意义,苦口婆心,情见乎辞,不外乎意在说明,置身现代时段,拥有现代政治文明,以此立国,据此建政,按此行宪,照此办事,是建设文明大国的必修课业,而为文明昌盛之必有作业,也是现代公民之必需修业,终亦必造就良善生活之普遍福业。就国朝刻下情形而言,"立宪民主、人民共和"蔚为现代政治文明之荦荦大端,无法回避,总需登场。无此政治设置与政制安排,政府行政再有绩效,也难免政权危殆,更何况不可能维续永远的高速增长,而绩效从来都是有涨有落,所谓"大年""小年"也。再者,增长后分红严重不均,却无"主权在民,治权在贤;政权为主,政府为客"这一宪制安排善予纾缓,政治正义不存之地亦无法律正义与社会正义救济,凡此因素迭加,则危殆永存,恐慌成为政治常态,而恐怖遂成社会生态,恐惧乃深深内化为国民心态矣。相较而言,立宪民主诸国恒有政府危机,间或社会危机与经济危机,甚至会生发文化危机,但却一旦奠立,从无政权危机,邦固而国安,原因就在于"政权的永久正当性"与"政府的周期合法性"互为表里,进退两补,出处相应,上下撑持,唯一需要担心、不好好干活肯定就会滚蛋的是仅具周期合法性之政府也,受托组织政府而依法行政之政党及其政客也。吾国所缺,而他山之石,恰在于此矣。

正是此种宪政体系及其政治文明，开启了政治问责的公民之道，绝不承认无错政治，也不能容忍一个不会道歉的政府，虽说任何认错与道歉，同样需要公民去争取。认错政治与道歉文化，堪为现代政治之政制层面的必有机制，也是此种政治之于政制的道德约束，而恰为全体公民和平共处之政治文明也。否则，体制上的无错政治与最高领导人的无谬神话猖獗，认错与道歉文化阙如，道义荡然，国民眼睁睁看着他们作恶却无招架之力，则是非混淆，人间必成匪帮。国朝今日山呼英明伟大，正陷于此壑，促令吾国所缺者，愈发显豁矣。朋友，想一想吧，十七年里，两度疫兴，此番更是播散全球，造成广汎而必持久之灾害，不论具体原因何在，吾国岂能不三省吾身，而躬自致歉。首先是向全体国民道歉谢罪，特别是向死伤同胞道歉谢罪，并追究法律责任与政治责任。否则，违逆国家政治中的共和道义，有悖全球和平共处之处世之道，亦非力倡"人类命运共同体"之崛起大国所当为也。在此，切不可与今日美帝这届领导比烂，一个盛极而衰的晚期帝国治理，教训多于经验。特没谱天天自爱自夸，没羞没臊。就此而言，特没谱这位老兄祸国不假，而良政早已奠基后如何续于精进，从而保有善治，同样为立宪民主政体必须朝夕惕惕者也。

再者，现代政治以文明与自由立国，意味着国家必须保有道义愿景，一切均当皈依公义，以追求公道为政道之正道，追求与捍卫人类永久和平。就此而言，"为中华民族谋复兴，为中国人民谋福利"，虽非高端远景，却为眼前目标，拿捏尚佳，有点儿现代政制目标的意思。倘能配合以坚实的政治德性，堪为响当当竞选口号呢。而关键所在，也是问题所在，在于心口如一，说到做到，不能挂羊头卖狗肉。例如，为此首先需要让人说话，还我同胞以言论自由，屏拒那个恰相违忤、钳口噤声的书报检查体制，以及作为其源头的党国体制。——连话都不让人说，还幸福个鸟啊，怎么个复兴法子？！在此，对于道德堕落的修复，不能走一贯"伟光正"的路子，其结果只会进一步混淆是非，戕害心灵。毋宁，严明是非，厘辨对错，惩恶方可扬善也。就以李文亮事件之前后反转而论，其之迫于压力，操于权力，知错能改，虽说羞羞答答，小修小改，却也算是善莫大焉。但于加诸其他同胞的迫害，同事同理，却依然固陋顽拒，则等于表明前者只是姿态，而非基于是非之服膺，后者才是本质，才是真意，而反差若此，无异于在用钢鞭抽打着中华文明与全体国人的道德神经矣。

不宁唯是，那边厢，精心塑造、着力树立的"钟南山—张伯礼"式听话驯服的榜样，一种典型的懂得适时适度站台的伪君子，一种维辛斯基和李森科式人物，反被塑造成大众英雄与公民楷模，正说明此间错乱依旧，而德性隳矣，可堪蹉叹！——张伯礼者，蒙昧若此，居然抢起大棒打人，充当棍子，尤为不堪也。往大里说，包括钱学森们在内的纳粹科学家们，同在此列。尤有甚者，艰困当口，年轻一代外交官们及其莫洛托夫式表演，看似伶牙俐齿，实则愚陋不堪，捍卫国族利益不足，而败坏中国形象有余，令人于惊诧而噁心之际，不禁忧心如焚。——不下狠心整顿这个专事交恶、进退失据、毫无章法、成事不足败事有余的外交部，国无宁日，复兴云乎哉。

也就因此，秉具健全的国族心智，蔚为文明大国必有之修业，也是所有文明类型理当修习之课业。大者，恢矣，弘也，而与所谓"岛国心态"或者"受伤文明"区别开来。以此观照，此番大疫以来，国朝上下依旧为历史创伤情结所缠绕，着实暴露出吾族心智之羸弱。一句所谓"病夫"（sick man）常论就引发轩然大波，可以作证。早已成长为全球体系中举足轻重的大国，不料，却依旧有着一颗极易受伤的玻璃心，要么正说明吾国吾族依旧自信不足，有待理性洗礼，亟需文明澡雪。换言之，此非唯情结作祟，亦表明知识论之庸蔽。要么，就是恶用创伤记忆，有意撩拨盲众也。正是在此，一方面有意无意遗忘痛史，尤其是眼面前的锥心之痛，另一方面却又深陷"1840 情结"而不能自拔，表明恶劣文宣多年洗脑，戕害我华夏国族心智深重。

由此，不难理解，这边厢，当其国中大疫暂缓，危机依旧，而全面、深刻与致命危机才刚刚开始，却不期然而有所然间，矫嚣之声纷起，民粹嚣外涛激，伴随着大小汉语施密特们的"例外"论调，肉麻颂歌震天，其结果，如诗人所叹，"他们日夜编写关于巨兽的神话，万千勐兽伺机在春天复活"；那边厢，环球疫疠正酣，死伤日增，尸横山水，则痛定思痛，沉痛转化为积怨，积怨催化忿怒，忿怒引发政治，必随时日牵延而逐渐爆发，甚或势如火山喷薄，则声讨追责，政经齐伐，也是预料中事。反思既深，痛感剀切，总须剑指。可以预言，以世卫组织和全球防疫为突破口，其必一浪高过一浪。当此之际，在国家政治层面，国朝民粹主义反智与民族主义仇外，两股恶绪，交替发作，唯一烘托的是领袖英明万能的神话与政府救苦救难的佳话。与此相应，一个类似于犹太人千年阴谋的中国阴谋论在民粹层面若隐若现，已然浮现在美国红脖子们的街头口号中，而"集体猎巫"式阵势雏形初现，不能不引发关于启蒙的沉重话题。病夫治国，错乱荒唐，大洋两岸，如出一辙。——重申一句，文宣最为无耻，在在败坏华夏德性，而令举世嗤笑矣！

顺提一句，国朝情形，大学里的"工科师傅"是极权的天然帮凶。此与个体人品好坏才学高低无关，毋宁，涉及的是一种作为工作状态的生存状态。君不见，所谓的团队协作运行方式，听命于一个"老闆"核心的组织方式，绝对遵奉定律而后善自运用的服从式思维逻辑，仰赖官方项目与找米下锅的生存状态，层层辖制、分包归拢的管理体制，以及绝对趋利避害的商业导向，特别是了无价值观的价值观与普遍毫无美感的美学状态，使得他们俯首帖耳于绝对权力。而威权国家最为欣赏的就是这种头脑可能发达，而心肠近于麻木，却又惯于服从的"新人"。所谓"听话出活"者也。可惜，就建设正派人生、良善社会与惬意生活的现代文明国族而言，没有深厚博大的人文底蕴与科学理性，徒有工科技术，充其量不过一介二流国家，根基摇晃，难挡风吹雨打。再者，作为本应最具时代意识而锐利灼人的高校学生群体，整体性心志萎靡，蜷缩于商业压力与权力宰制的双重牢笼，所谓"后浪"者，不幸而为"社畜"也。同样本应直面人类苦难而抒写人性的作家们，面对时代，从诺奖得主至着名写手，连扯澹都谈不上，整体性沦落为人格竖儒。抑有甚者，甘为咿咿呀呀忸怩作态之抬轿子吹鼓手也。那边厢，西方的左派正在重複上个世纪他们对于苏俄政权的错误认知，乔姆斯基老先生堪为昏聩典型，巴迪欧不甘瞠乎其后。至于那些吃了人家嘴软的，拿了人家手软的，更不论矣。凡此种种，东西连环，少长合璧，造成了吾友所言"整体性文明级别的毁灭"之颓势矣。

四、"人类命运共同体"不复存在

大疫起自武汉，迅速广布全球，至此，国朝所谓"人类命运共同体"，本意不无良善，却因倡导者德位不侔，宣告破产，特朗普执政后重行大西洋孤立主义而拱手送上的重塑全球治理领导权机会，因此一疫，消耗殆尽，而国运亦可能随之逆转。连伊朗卫生部发言人，都忍不住以 bitter joke 指斥国朝提供的疫情数据，说明国家公信坠底，政体德性破产，真可谓四面楚歌，山穷水尽。另一方面，美国在将近三十年里误判最大敌人，陷入耶回冲突而跋前踬后，同样耗尽冷战全胜之红利，却无视红色极权之羽翼渐丰，以至于养痈遗患，一如"二战"之与狼共舞，在灭掉德意志法西斯之际养大了更大的红色苏维埃恶魔，同样教训深重。事实是，不折不扣的，为了打击绿教恐怖主义，而与红教邪魔结盟，结果养肥了一个更大的恶魔，可谓二十一世纪开局之初自由政体的最大教训。至于太平洋东西两大国每日低水平口水战，昏话连篇，彷若童稚无赖小儿厮打，跌破底线，实在不堪，将这个时代文明低陋之本相，暴露无遗矣。

所谓"人类命运共同体"，本意指谓普天之下皆兄弟、环球诸国诸族荣损一体之事实，借用为政治外交口号，亦且响亮，甚至秉具甚为厚重之道义。但因倡导者内政上恶待国民，此番大疫又造成全球停摆，致使这一作为政治外交口号之招贴，已然不攻自破，好端端一个理念就此同样停摆。后来虽然到处送钱送口罩，派遣数支医疗队，天天元首通话，却已然于事无补矣。旨在媚好的慷慨政治可能适得其反，枉费金钱人力。其间情形，恰如德媒 BILD 署名文章所言，"您是不是以为如果您现在在世界各地慷慨地发送口罩就是一次伟大的'友谊'？我不认为这是友谊，这是可笑的帝国主义行为。"事到如今，后冷战时代就此彻底结束，所谓的大国崛起及其"中美共治"型态告终，新一轮世界秩序重组恰与国朝早先希冀反向，正在缓慢而坚定地酝酿推进之中。而这既是极权政治逻辑的绝对主义普世理念诉诸实践后遭遇反弹的必然后果，也是自由国家社会推展的全球化之必然对冲要求。——世界变天，中国顿成孤家寡人，此前四十年辛劳几乎毁于一旦！北京奥运以还极权政体随着钱包鼓胀而不甘寂寞的一系列骚操作，七年来强人政治接续不断的前现代式愚钝妄为，其于国际政治层面太过幼稚的彷帝国式张狂，尤其是此次大疫初期之昏招迭出，终于事与愿违，借此世纪大疫，令吾国吾族吾民国际声誉跌至谷底，再度将中国推向危难边缘，而国族命运重遭生死存亡之抉择矣！

君不见，所谓"为世界人类指明发展方向"云云，透露的是虚幻谵妄的领袖慾，正为毛式人格膨大之精神疾病阴魂与共产普世绝对主义两相激盪、互为底色之畸形发作，而以亿万国民节衣缩食、凭靠公权无度财政汲取搜刮之财富，所推波助澜之公子哥癔病症候群也！至此，日本记者所讽之"无谬神话"，早已是自说自话了！

不宁唯是。海外华人，特别是对祖国怀有纯真眷念的留学生群体，其中又尤其是未成年孩子们，因为一纸禁令而回国无门，返家无航，不仅将个单相思击得粉碎，而且暴露了宁予洋人不予家奴的刻薄寡恩，既悖人伦，亦违国法。旅俄同胞，数以万计，大难之际，辗转跋涉至东北口岸，希望返国避难，却被严堵于冰天雪地，更有那冷血大使厉声警告，"放弃入境幻想"。——全世界文明诸国，大疫爆发当口，悉数呼唤国民赶紧返国，游子归家，唯独国朝将同胞拒于国门之外，刻薄寡恩如此，令人情何以堪，暴露的却是视国民如草芥之一贯心态也！他们可能遭遇驻在国民众的歧视甚或攻击，实际上已经发生过多起这类事件，印证着笔者前文有关厌华排华的预计。而对于国民之吝啬，因有大额外援之比对，更加彰显，令人齿冷。湖北人均47元之救助，就矜夸慷慨，恰如网友慨言，不如民政部在青海三江源打个鸡蛋，然后说全国人民都喝到了鸡蛋汤算了。

走笔至此，或曰，瞧瞧美英，防疫不力，不如咱呢，你为何不鸣鼓抨击？朋友，人家的事自有人家操心，我更关心自家同胞，不行吗！？

总之，如此这般，不讲价值标准，只关注产业链的这波浪漫全球化，至此终结。新一轮政治与文明的全球性分化组合，伴随着疫情发展，悄然拉开了序幕。其间，全球性的去中国化进程已然启程，正在展开，从金融、产业佈局到资源配置，一场去中国化的新秩序必随后疫情时代之政治反思而加速推进。此不幸也，而祸肇于庙堂，苦难却为全民所承受矣！作为这一轮全球化的受益者，也是其世界体系的广汎参与者，遭逢如此逆转，怨不得别人。其结果就是，在最好的意义上，正如一位观察者所言，"（纵便中国）战略机遇期虽未过去，但已进入危中求机阶段，国际上去中国化使形势极其複杂和不利，连非洲等基本盘都出现鬆动，前期大量投入可能失效。"

尚需指出的是，俄罗斯一直利用疫情与美帝眉来眼去，火中取栗，渔翁得利，直至俄美发表联合宣言，大赞"易北河精神"，旨在"共同应对二十一世纪最严重的挑战"，则挑战何在、挑战者何，实在意味深长，用心与理念均不加遮掩。置此世界体系自助体，俄人所作所为旨在扩大自家利益边界，无可厚非。遭到羞辱，哑巴吃黄连的是战狼式外交的主导者，而将吾国吾民置于险境。将涉关国运的跨太平洋关系恶化到如此地步，并非西边一家之责，但却更为吃亏且危乎殆哉。正是在此，再說一句，几年来封建土围子式外交及其逞口舌之快的小心机，害莫大焉，赶紧休矣！

在此，尤须着重指出，凡我国民，必须阻止狗急跳墙式转移视线的任何战争冲动，无论它来自何方。疫情档口，未必开火，而大疫后果，包括经济危机、社会动荡与文明敌意之第次凸显，往往后延半年一载，甚至三年五载，则其时危险系数反而升高，有意为之或者擦枪走火的可能性更大。1929 年以还之世界经济危机，终究催导出 1939年之"二战"恶果，殷鉴不远矣。在此，国朝无需汲汲于跟美帝争锋式的军备比家伙，更不能动不动对"祖国宝岛"同胞们示狠，老美也别他娘的老在中国边上耀武扬威炫肌肉。就吾国情形而言，建设常态国家与文明国家，而首先是让全体国民丰衣足食免于恐惧，比什么都重要，也更加急迫矣。

五、意识形态偏见与良政的国家理性

中国的去西方化与世界的去中国化同时并进，正在修正着国际体系的基本架构与雅尔塔体系下的世界秩序，将所谓意识形态问题再度凸显。——实际上，所谓"去中国化"，主要是"去共产中国化"或者"去中国共产化"，而与吾国华夏文明无冤无仇也。毕竟，十九世纪那种西方列强打上门来的征服式景象，洋大人横行霸道的时代，一去不返矣。而且，究其实，对于华夏文明而言，"共产极权"是入侵者的蛮族征服，吾国不幸而成其殖民地矣。在此，有一种讲法叫做"意识形态偏见"，傥论者大言滔滔，指斥外人对于国朝抱持"意识形态偏见"。看似振振有辞，实则根本无理，纯然混淆是非。须知，类似于文化多元或者价值多元，警惕"意识形态偏见"不等于抽空基于人类良知的正邪判断，更不能以所谓意识形态差别取代正邪判断，而与邪恶为伍，为邪恶张本。而且，作为意识形态的思想体系和价值体系，一旦与权力互为表里，就脱离书斋，展现其现实性，载浮载沉，为祸为福，因而，也就不得不接受人类良知的检视和判别。当今世界，历经苦难，饱尝忧患，早已晓谕天下而天理昭昭者，就是立宪民主与极权专制之异于人禽，不可两立；良政善治与统治治理分处不同层面，岂容混淆。时至今日，没人会说对于作为纳粹精神内核的法西斯主义，对于支撑现代殖民势力征伐其他文明的帝国主义，对于奴役戕害原住民的种族主义，对于贬抑女性的男权至上主义——总之，对于凡此种种意识形态之抵抗与排拒，竟然是一种所谓"意识形态偏见"。此为底线，不可突破，如同不能容忍以女童做祈福人牲之邪教，否则便是打开地狱之门。

是的，其所谓"意识形态偏见"，是指对于国朝建制立政的那种"主义"之拒斥。而它不是别的，就是笔者多所陈述之邪恶的"法日斯主义"。此种意识形态，将法家愚弱人民的残苛法术、日耳曼马恩之狂悖历史社会理念和斯拉夫列宁斯大林之暴虐专政学说，杂糅混融，以所谓的历史规律宰制当下的人世生活，而他们是唯一掌握这一历史规律者；煽动和利用人性之恶，凭藉霸道垄断一切权力与财富，将党国独大及其万世一系凌驾于国民福祉之上，公然宣称国家人民是自己的"这份家业"，而将邦国及其人民视同予取予夺的殖民地；特别是它摧残独立精神与自由思想，要求一统与服从，践踏美感和人伦，崇奉神棍，迷信暴力，鄙视常识，早已令吾土陷入血海，天下颤慄。当其狂暴发作之时，多少同胞尸横沟壑，多少灿烂文明善果惨遭毁灭。痛定思痛，对于此种"法日斯主义"之厌恶、排拒与痛恨，绝非什麼"意识形态偏见"，毋宁，乃是常态人类社会正邪不两立之同仇敌忾。时至今日，正是在此意识形态笼罩下，一个令自己的人民恐惧，也让世界不安的政权，其言行不一，恶待国民，政策飘忽而不可预测。在此设问，于此儳惕，为人世生活佈防，唯恐其少与缓，不惮其繁与速也。君不见，自由政体世界居安一隅，承平既久，了无斗志，大哥二哥麻子哥，致使"法日斯主义"坐大，本身懈怠而疏忽，终于招致大祸矣！

当下中国，已然超逾一个半世纪的大转型进程走到了最后关口，几经跌宕，就差最后临门一脚。将转未转之际，"法日斯主义"藉助体制暴力，返身回头，不肯往前走了，致使近代中国超过七代人的长程接续浴血努力可能毁于一旦。故而，急切呼唤基于人性、呵护人生、尊重常识，而立基于"立宪民主、人民共和"之良政的国家理性，时不我待矣。在此，尊重常识与人性，容忍独立多元，鼓励自由探讨，兴盛公民政治，尤其是立法保护"国王的忠诚的反对者"，均为其目。从反面而言，则拒斥党国体制、权力垄断与领袖神话，取消书报检查与思想操控，同为其目。纲举目张，则"主权在民，治权在贤；政权为主，政府为客；授受以公，临治依法"，凡此政道与治道，蔚为其纲矣。

顺说一句，值此档口，放眼世界体系，基辛格这类跳樑小丑式掮客术势之徒，已无忽悠的可能性了，走到头了。保尔森式赚得盆满钵满的骗子，肯定也是见好就收，不敢再趟浑水。瑞幸之厄，自作孽不可饶，但实为金融绞杀之预演，牛刀小拭，兵不血刃，遭殃的是万千平民，而非国朝权贵与佈局套现的巨骗大鳄。笔者申说之近代世界历史进程中的自由主义第五场战役，在边缘抗争燃烧烽火后，居然是以一场人祸大于天灾的瘟疫而全面铺展开来，正所谓不作不死，而人算不如天算，纵便诡诈，千般机心，奈不过天行有常也！恰如网议所言，从世界大国蜕变为全球公敌，将此凸显的转折点竟然是一场撒播全球的疫病，虽出乎意料，却在情理之中。其病在腠理，非疥癣之疾，却为肘腋之患，无它，即此"法日斯主义"也！要是对此邪恶之教义进行抵抗与批判就是所谓"意识形态偏见"，如同对于劫匪之谴责就是"道德偏见",岂非滑天下之大稽。

六、以真相与责任奠立政治基础

如前所述，现代政治是一种可问责性公民之道，人民为大，派生出有谬与纠谬、认错与道歉的政治文化。否则，便是恶政，国将不国。秉此以思，为防悲剧重演，则下述十端，允为起点。

第一，还原历史真相，切实查明新冠流行原因与病毒源头，特别是查明并公开真实病患数据，向全体国民如实交代。为此，需以"国务院白皮书"形式，载明其间央地政府所作所为，尤其是今年一月三号与一月七号两个时间节点的决策过程及其内容，说明为何及时向美国政府通报疫情，却对全体国民隐瞒撒谎，致令百姓毫无防范，死伤惨重。

第二，彻底追责，直至最高政治责任，责令向国民道歉谢罪，交由国法论处。

第三，释放公民记者、维权律师、信仰领袖、民间抗暴义士以及一切类此原因而遭受迫害的无辜国民，停止迫害直言教授。

第四，在武汉择地修建"庚子哭墙"，刻上所有此疫不幸遇难国民姓名、性别与生卒年月，寄托哀思，永铭教训。

第五，在武汉择地树立包括发哨人和吹哨人在内的九君子"义民塑像"，以志永念，伸张公民气节，褒扬公义精神。

第六，由政府出资，设立新冠遗孤与牺牲医护遗属抚恤基金（不包括删帖累死的网警）。

第七，设立"李文亮日"，也就是中国的"言论自由日"，全民铭记言论自由、表达自由的根本宪政意义。

第八，取消动辄微信微博封号的网警恶政，严禁网信办侵犯公民隐私、言论自由等根本违宪之专断擅权；取缔警力动辄训诫教师、医生和作家等专业人士的思想警察权力。

第九，撤销一切学术、教育机构尤其是大中小学的党团组织。

　　第十，立刻实施官员财产阳光法案，与此同时，即刻停止全国范围内大规模强拆之暴殄天物、丧心病狂，落实宪法对于私权的保护，特别是将地权归还人民，终止全体国民不过是拿着暂住证、在祖国终生流浪的悲惨状态，剥夺党国之为最大的垄断地主的合法性。

　　进而言之，细节而论，将毛某独占之纪念堂改建为"华夏先贤祠"，列展我华夏文明先贤志士；天安门广场每逢周末开放为 Sunday Market，还原广场的市民功能；中南海回归文物公园位置，不再为私宅与党派之用。循此往前，进境于开放报禁党禁，乃至于一人一张选票，每隔三五年，手之舞之，足之蹈之，挑挑拣拣，为这个大型国族甄选尽心适格的物业管理公司！总之，启动政改进程，明确宣示政改时间表，逐步抵达"立宪民主、人民共和"的良政境界，不能再倒退，而时不我待矣。

　　顺提一句，时至今日，所谓民智未开，因而宪政难行、民主必乱之论，纯为不明所以之论，抑或，恐吓大众之论也。历史进程从来有赖于佔人口百分之五的精英义士之前赴后继，示范推导。想一想法美革命、明治维新与辛亥年间识字国民的人口百分比，就不难理解历史从来都是精英创造推动的。故而，当下中国，以围绕着包括上述八点建议在内的具体事件而展开公民运动，点点滴滴，撬动僵化政治秩序，推导社会进步与政治改良，此其时矣，其必弘也。

******

　　总括而言，此番大疫暴露出的体制之弊与强人政治恶果，再度将政体之辩提上议事日程，令中华文明宪政秩序建设的迫切性更加显明。几年来国家政治之逐渐全面倒返毛氏极权与国际体系中之日益政治孤立，造成了世界文明大洋上的中国孤舟这一危殆景象，有待于即刻拨乱反正，重归"立宪民主、人民共和"这一近代中国的主流文明意识和政治意志，而后迈步前行，和平大转型，最终实现"民族国家—文明立国"与"民主国家—自由立国"这一现代中国的理想善境。否则，昨日的罪恶及其苦难不仅并没随着岁月流逝而消逝，那个作恶的体制依旧，而且，但凡稍一鬆懈，便已滑落至"文革"前夕。凡此种种，苦难深重，眼面前的事儿，岂是轻轻一句"翻篇了"所能打发！朋友，凡我同胞，不愿再过那样觳觫苟活的日子，为人为己，就当奋然抗争，再不能容忍极权政制继续施虐矣！

够了，这发霉的造神运动、浅薄的领袖崇拜；够了，这无耻的歌舞升平、肮脏的鲜廉寡耻；够了，这骁骁漫天谎言、无边无尽的苦难；够了，这嗜血的红朝政治、贪得无厌的党国体制；够了，这七年来的荒唐错乱、一步步的倒行逆施；够了，这七十年的尸山血海、亘古罕见的红色暴政……

庚子春末夏初，忿然、忧然而怆然矣

后 记

　　拙著旧制，如"引言"所述，乃"六章八文"，载述戊戌前后心事。原定香港城大出版社刊行，不料有司长臂管辖，压力之下，拗不过，出版计划遂遭搁置。

　　此次刊行，增补庚子拙文两篇，合共十篇，仍用旧名。海外付梓，飨我同胞，广佈天下，乃承荣伟兄仗义，心同理同，感铭五内。

　　特此说明，并志哀愤，祈求华夏清明，但愿人间有福。

章润

庚子四月，于故河道旁